低欲望社会
──「大志なき時代」の新・国富論

大前 研一
Ohmae Kenichi

小学館新書

新書版まえがき

「経済対策28兆円」が逆に不安をかきたてる

アベノミクスのパラドックス

安倍政権は参院選の圧勝を受けて、事業規模28兆1000億円もの経済対策を決定した。これは正気の沙汰ではない。政府はこの対策がGDP（国内総生産）成長率を1・3％押し上げると試算しているが、文字通り「捕らぬ狸の皮算用」に終わるだろう。

なぜなら、日本の失業率は現在3・0％（2016年7月）で、ほぼ完全雇用の状態だからである。実際、建設をはじめ飲食、小売、ホテル・旅館、介護、保育など多くの業界が深刻な人手不足に見舞われている。そんな時に経済対策と称してカネをバラ撒《ま》くような国は、私が知る限り歴史上初めてだ。すべての経済理論に反している。ケインズ以来、カネをバラ撒くのは失業率が高くて雇用を増やさなければならない時と決まっているのだ。

日本経済が成長していない理由は、設備投資と個人消費が上向かないことである。

設備投資が増えないのは、今後ますます少子化・高齢化が進んで人口が減少する日本に将来性がないからだ。将来性があるところに投資しない経営者はいない。彼らは、いま投資するなら日本ではなく、インド、ベトナム、タイ、ミャンマーなどの海外だと判断しているのだ。

消費が伸びないのは、お金がないからではなく、現在の日本は人々の欲望がなくなっている上、将来が不安だからである。このため、少しくらい給料を上げても消費にはつながらず、貯蓄に回る。つまり、消費を刺激するためには、将来に対する不安を取り除かなければならないのだ。

しかし、安倍政権が「アベノミクスのエンジンを最大限にふかす」「切れ目のない経済対策」「第2次安倍政権以降最大の28兆円」などと喧伝《けんでん》すればするほど、国民は日本経済の先行きは暗いと思ってしまう。これこそアベノミクスでも景気がいっこうに上向かないパラドックス（逆説）の仕組みであり、私が「心理経済学」として提唱していることである。

「最後は国が面倒を見る」という安心

安倍晋三首相も日本銀行の黒田東彦《はるひこ》総裁も、あるいはノーベル賞学者のポール・クルーグマン教授やFRB（米連邦準備制度理事会）のベン・バーナンキ前議長も、金利を下げ、マネーサプライ（通貨供給量）を増やせばGDPも大きくなるという20世紀の経済学を信奉している。

しかし、もはや日本にそれは通用しない。そのことは「マーシャルのk」の推移を見れば明らかだ。マーシャルのkとは、一国の経済活動を表わすGDPにとってマネーサプライが適正水準にあるかどうかを判断するための指標で定数と思われているのだが、その値が日本はどんどん上昇しているのだ。これはすなわち、政府がいくらお金を突っ込んでも、少子化・高齢化した日本の場合、昔のような効率では市場に吸収されなくなっている（＝GDPは伸びない）ということだ。ところが、安倍首相や黒田総裁らはそれが理解できず、28兆円もの経済対策を打ち出したり、国債を大量に買い入れて市中に通貨を増やしたり、マイナス金利政策を導入したりしている。これは人々に「欲望」があった20世紀の経済学だ。現在の日本はいくらお金を供給しても、それが吸収されない「低欲望社会」であり、その根本的な原因は「将来に対する不安」にある、という現実を理解しなければならない。

安倍首相は、給料を上げれば消費にお金が回ると考え、企業に賃上げを求めている。しかし、いまお金を持っているのは給料を稼いでいない人＝リタイアした高齢者たちだ。その息子や娘の世代は、前述したように、少しくらい給料が上がっても住宅ローンや教育費などにお金がかかりすぎ、将来に対する不安が非常に大きいため、とても消費には回せない。高齢者も漠たる不安を持っているから、消費を控えている。つまり日本は老若男女すべてが欲望を抑えて貯金に回し、少しでも不安を小さくしようとしているのだ。

逆に言えば、将来に対する不安を解消できれば、自然とお金が出てきて消費が増えるわけだ。そのために政府が最優先でやるべきことは、個人金融資産１７００兆円の大半を持っている高齢者に、よく食べ、よく飲み、よく遊んでもらい、まだ身体が元気な人は仕事やボランティアや社会活動などにも取り組んでもらい、もし病気やケガでそれができなくなった時は「国が最後まで面倒を見るのでご安心を」という仕組みを作ることである。

「生き方改革」が経済政策になる

これは単に老人を優遇しようと言っているのではない。平均寿命を過ぎてから治療が難しい病気になったら、潔く従容《しょうよう》として死を受け入れるしかない。そのためには何が必要か？　私は、自分なりの明確なライフプランニングをすることだと思う。

つまり、長い人生を「勉強する時期」「働いて稼ぐ時期」「リタイア後の余生をエンジョイする時期」「死を迎える準備をする時期」に分け、それぞれのフェーズのリズムをはっきりさせて、最期に「良い人生だった」と言えるようなライフプランを持つべきなのだ。ファイナンシャルプランはそのライフプランに沿って作らなければならないが、多くの日本人はあらゆる年齢層で「いざという時」のために貯蓄し、それを使う明確な基準とプランを持ち合わせていない。

麻生太郎財務相は、金融資産を貯め込む高齢者にもっとお金を使ってもらいたいという話の流れの中で「90歳にもなって老後が心配とか、わけの分かんないこと言っている人がテレビに出ていたけど、いつまで生きているつもりだよと思いながら見ていた」と発言して物議を醸《かも》したが、その趣旨は間違っていない。リタイア後もずっと「不安」を抱えながら「低欲望」な生活を続けている日本人の生き方を変える改革こそが、いま必要な最大の経済成長政策なのだ。

ただし、長時間労働の是正や最低賃金の引き上げなどを目指すとして第3次安倍再改造内閣で新たに打ち出された「働き方改革」は愚の骨頂だ。何でもかんでもマイクロ・マネージメントしようするのが安倍政権の悪しき習性だが、そういう〝上から目線〟のチマチマしたやり方ではなく、根本的な規制撤廃によって自由な学び方、自由な働き方、自由な稼ぎ方、自由な生き方ができるようにすることこそが最も重要なのである。

莫大な税金を投じる経済対策の結果、将来世代から借りてくる国の借金がますます増えて、国民はますます不安になって身構えていく――。この「アベノミクスのパラドックス」を脱して、いかに日本経済を反転させることができるかを論じたのが拙著『低欲望社会』である。本書は、昨年出した単行本をベースに、より廉価な新書判として加筆・修正したものである。紙幅の関係で第4章の統治機構改革の部分は割愛したが、これについては近著『君は憲法第8章を読んだか』で、憲法改正問題と併せて総合的にさらに詳しく書いたので、そちらを参照していただければ幸いだ。

本書を読んで、1人でも多くの読者が、古い経済理論に基づいたアベノミクスに対して「NO」の声を上げることを期待している。

2016年10月

大前研一

低欲望社会

目次

制度こそ少子化対策の障害／日本における移民はわずか1％／移民は「人手不足の緩衝材」ではない／10年前の分析がそのまま現実に／バブルを謳歌した親が「反面教師」／「高齢出産」「できちゃった婚」も増える／日本の若者に広がる「プア充」／北欧はなぜ生まれ変わったのか／スキルを向上しなければ路頭に迷う社会／日本人みんなが「プア充」に？

第2章 ◉〈政府の限界〉

「アベノミクス・ショック」に備えよ……………

すでに政策は出し尽くした感がある／「第1の矢」はチキンゲーム状態／「第2の矢」経済対策20兆円の効果は？／一つも成長につながらない「第3の矢」／経済の本質をわかっていない安倍首相／20世紀の処方箋は通用しない／変えるべきは「国の仕組み」／「異次元金融緩和」に出口はない／金利上昇でまず日銀が〝爆発〟する／優れたトップは一つのことだけを言う／道を誤る安倍政権の「三つの本質」／〝マイクロ・マネージメント〟の典型／「規制緩和」は見せかけだけ／恐ろしいほどの「計画経済」国家／「残業代ゼロ」制度は〝余計なお世話〟／「地方創生」の目玉策も理解不能な愚策／首相に日銀・経団連・連合が同調する異常／「配偶者

で災害に強い都市に／「外部経済」活用で税金を使う必要なし／地権者にもメリットがある再開発を／都心回帰した人が週末は田舎で遊ぶ／寂れた観光地を再生させる方法／ウィスラーやハミルトン島に学べ／湿地帯を一変させたディズニーの夢想力／「大人」のためのマリンレジャーに注目／「セカンドライフ」に食指は動く／アベノミクス税制では富裕層が逃げ出す／アジアの富裕層のための〝終の棲家〟／人口問題の解決には20年以上かかる／日本ならではの移民システムを作れ／サムライ（士）ビジネスの資格者を優先／一般労働者には日本版グリーンカードを／もう一つの爆弾──「介護離職」増加／もはや対策の選択肢は限られている／「農業改革」も間違いだらけ／農水省「食料安保」は虚妄である／〝農民漁民省〟改め「食糧省」を作れ／「農協解体」は大した問題ではない／いかに「コメ偏重」から脱するか／オランダ農業はどこがどう凄いのか？／「クオリティ農業改革」30年ビジョン／成長戦略としての「教育改革」／「大志」をなくした内向きの若者たち／世界で戦える傑出した人材を／日本には大学があまりにも多すぎる／〝ブラウン管テレビ〟を作るような教育／ランクは「卒業生の給料」で決まる／「人物本位」で選ぶ教授は「人物」か？／文部科学省は改革する気などない／大学を減らして職業訓練校を作れ／「雇用ミスマッチ」などないドイツ

エピローグ　日本が変わる最後のチャンス……………………………………275

一人っ子が加速させる「低欲望」化／なぜ変わらなくてはいけないのか？／「18歳成人」が日本人を作り変える／とにかく「心理」を和ませよ

【編集部より】新書化にあたっては、事実関係の変更や進展があった箇所を中心に加筆・修正しました。ただし、単行本刊行時の著者の見解や分析を活かすため、一部の統計・指標・図表などの数字や人物の肩書等は、元のままとしています。

プロローグ　「坂の上の雲」を見なくなった日本人

なぜエコノミストの予測は当たらないのか

先日、長野県の駐車場経営者からとても興味深い話を聞いた。駐車場の料金精算機に入っている金種は、景気が良い時は1万円札とピン札が多くなり、景気が悪い時は1000円札や100円玉としわくちゃのお札が多くなるそうである。中間の時は5000円札と500円玉というのも面白い。そして2016年の夏は、バブル崩壊後の1990年代や2008年のリーマン・ショックを含めて過去に例がないほど1万円札とピン札が少なく、1000円札や100円玉、さらには10円玉としわくちゃのお札が多かったというのである。

単に地方の小さな町の、世間話ついでの情報である。しかし、そうしたミクロな消費動向のほうが、経済の専門家であるエコノミストたちの〝予測〟より、景気をリアルに反映することもある。

２０１２年末に誕生した第２次安倍晋三政権は、経済政策「アベノミクス」により、今後10年間の平均で名目ＧＤＰ（国内総生産）成長率３％程度、実質ＧＤＰ成長率２％程度の経済成長を実現すると約束した。

しかし、13年度の実質ＧＤＰ成長率は２・１％（通年は１・６％）を記録したものの、消費税増税後の14年４～６月期は、年率換算で実に７・１％も減少。日本経済研究センターの調査によれば、主要民間エコノミストたちは、同年７月の調査時点で、消費税増税の駆け込みとその反動でマイナス４・９％になると予測していたが、それを大きく上回る日本経済の急減速を示す結果となった。さらに同年10月調査時点では、７～９月期の実質ＧＤＰを年率換算で平均３・６６％のプラスと予測していたが、これまたエコノミストの予想を大きく覆して、年率換算でマイナス１・９％となった。続く10～12月期も、エコノミストたちは２０１５年１月調査時点ではプラスへと転じて３・４％に持ち直すと予測。しかし結果は１・５％増と、３四半期ぶりにプラスに転じたものの、事前予想を２ポイント近くも下回った。

14年の実質GDP成長率はマイナス0・03％で、東日本大震災のあった11年以来3年ぶりのマイナス成長となったが、民間調査機関が前年に予測していた数字は平均0・9％（0・2〜1・8％）のプラスだった。やはり1ポイントも外れてしまったことになる。

なぜエコノミストたちの経済予測は当たらないのか？

経済紙誌では、その予測の元になる各種の経済指標の誤差など、分析に際してのテクニカルな原因の解説がなされている。だが、それは本質的な話ではない。

たとえばエコノミストたちは、14年4〜6月期の実質GDPの激減は消費税増税前の駆け込み需要の反動と分析していたが、理由はそれだけではないと思う。同年9月の日本銀行短観（全国企業短期経済観測調査）で、企業の景況感を示す業況判断指数（DI）は、6月調査からほとんど改善しなかった。この結果について、日銀の黒田東彦総裁は、10月1日の経済財政諮問会議で「予想よりは良かった。（景況感は）比較的高水準を維持した」と説明し、「景気は穏やかな回復基調を続け、消費は底堅く推移している」との見方を示していたが、そんなわけがないだろう。

当時発表された流通業界2強のイオンとセブン&アイ・ホールディングスの2014年8月中間連結決算は、両社ともスーパー事業が不振だった。9月の大手百貨店4社の既存店売上高も、三越伊勢丹を除く3社が前年同月を下回った。贔屓目《ひいきめ》に見ても景気は横ばい状態であり、財布の紐が固くなって消費が低迷しているのは明らかだった。

にもかかわらず、安倍首相は秋の臨時国会の所信表明演説で「有効求人倍率は22年ぶりの高水準」「この春、多くの企業で賃金がアップ」などとアベノミクスの効果を強調した。

さらに安倍首相は「株価の上昇は消費につながり、消費が増えれば企業収益が向上して賃金が上昇し、賃金が上がれば消費が増える」という「好循環論」を主張して、アベノミクスを正当化した。しかし、日本はアメリカと違って個人がほとんど株を持っていないので、株高で好循環になるという現象は今まで観察されたことがない。株高で賃金が上がる、というのも初耳である。賃金を抑えて企業の収益が上がるなら、株も上がるだろう。

安倍首相の堂々たる演説原稿を誰が書いたのか知らないが、日本経済の構造を恐ろしいほど知らないことを露呈している。

世界に類のない「低欲望社会」が出現

それでも安倍首相は、アベノミクスを続ける「この道しかない」と総選挙に打って出て、圧勝した。そもそも、多くの自民党議員が〝増税派〟の財務省に乗っ取られつつあるのを阻止するために仕掛けた選挙だったが、結果的にアベノミクスに信任を与えた格好になってしまった。これによって、日本経済はいよいよ本格的な危険水域に入ったと私は考えている。

なぜ危ないのか？　ひと言で言えば、安倍首相は、いま日本経済が直面している根本的な問題を理解していないからである。それは、アベノミクスを主導してきた経済政策ブレーンたちにも責任がある。内閣官房参与の浜田宏一・米エール大学名誉教授や本田悦朗・静岡県立大学教授、さらに彼らがわざわざ日本へ呼び寄せて安倍首相に引き合わせたノーベル賞経済学者のポール・クルーグマン米プリンストン大学教授らは、インフレ・ターゲット論などの誤った政策によって、経済の大混乱を招こうとしている。

問題とすべきは、20世紀の世界を支配してきた経済秩序は、もはや21世紀の日本経済には通用しなくなっているということなのだ。それは、従来の経済理論を振りかざすマクロ経済学者たちが考えていることとは、かけ離れた世界なのである。

それを私なりの言葉で言うと、「低欲望社会の出現」ということになる。

日本銀行の「異次元金融緩和」によって、異常なカネ余りが続いている中で、企業も個人も驚くほどの低金利で資金を借りることができる。いわゆるコスト・オブ・キャピタルがこれだけ低いのに、その資金に手を出そうという人間がいない。また、個人金融資産は約1700兆円、企業の内部留保は約380兆円とされている。しかし、それだけの資金がありながら、使おうとしないのである。

読者の中には、私が言うところの「低欲望社会」などは、今の日本は景気が悪いのだから当たり前のことで、別に目新しい話ではないと考えている人がいるかもしれない。あるいは、「失われた20年」を経てデフレが長期化する中で、どんどん安価な商品があふれるようになったために高価なものを買う必要がなくなり、必然的に低価格・最小限のもので暮らすようになっただけのことだと思うかもしれない。

だが、日本で進行しているのは、そんな一過性の現象ではない。

たしかに、もはやかつての高度成長期やバブルのような好景気はありえない。だが、低欲望になったのは、ただ単に不景気のせいではない。また、デフレ傾向も、消費税増税とアベクロバブルで徐々にインフレ傾向へと転換しつつあり、円安による物価上昇も随所に見られる。したがって、デフレ経済だから低欲望になっているわけでもない。さらに言えば、若者たちの欲求の低下が悪いと言いたいのではない。若者たちが欲をもたないこと自体は、本書で解説するように、ある面で合理的な選択でもある。ただ、このような社会の中で、日本企業や個人がどう対処すべきかを考えたいのだ。

この低欲望社会の出現は、人類がかつて経験したことのない現象であり、日本で世界に先駆けて進行していることなのである。だからこそ、それに対して新たな政策が必要なはずなのだ。しかし、安倍政権がやっているのは、十年一日のごとき昔ながらの自民党的バラ撒《ま》き政策だ。ブラックジョークとしか言いようがないが、まるで線路が分断された断崖絶壁の先に向かって猛スピードで走る列車のように、安倍政権は破綻《はたん》へと突き進んでいるのである。

日本の若者のＤＮＡが変異した

後ほど詳しく解説するが、公共事業分の経済効果を除けば、いわゆるアベノミクスによる景気浮揚効果はほとんどないと考えてよいと思う。20世紀の経済政策は、大きく分けて「金融」「財政」「成長戦略」の三つであり、アベノミクスは、それらをすべてセットにして大々的に実行したのが特徴的だが、21世紀の経済には通用しなかったということだろう。

そもそも今の消費減退は、日本が総じて消費意欲のない国になったことによるものだ。その象徴と言えるのが、住宅金融支援機構が民間金融機関と提携して提供している長期固定金利の住宅ローン「フラット35」が１％前後の史上最低金利になっても、新規貸出額が増えていないという事実である。２％を切る固定金利の35年ローンでさえ借りないというのは、世界でも日本だけの現象だろう。日本人（とくに物心がついた時から不景気が続いている、今の35歳以下の人たち）は、将来が不安で大きな借金を抱えたくないから金利に反応しない国民、すなわちケインズ経済学に逆らう国民になったのである。言ってみれば、日本の若者の大半はＤＮＡが変異し、欲望がどんどん減衰しているということだ。したがって、今の日本は政府がどんな経済刺激策を打っても、消費が増えて景気が良くなることは期待できないのである。

かつて作家の司馬遼太郎は小説『坂の上の雲』で、日本を欧米列強に比肩する近代国家にすべく奮闘する若者たちを描いた。敗戦を経て、高度成長期に育った我々の世代にしても、会社に入ればいずれその組織のトップやリーダーとなることを目指して、がむしゃらに働いた。それがひいては日本という国の発展と経済の成長にも直結すると信じていたのである。そして、多くの国民は結婚して子供を持ち、8%とか10%を超えるような金利であっても借金をして自分の家を建て、マイカーを買った。今、世界を見渡してみても、当時の高度成長期の日本と同じような発展フェーズにあると思われる中進国や新興国では、やはり同じように高い金利でも金を借りて家を持ち、マイカーのある生活を夢見て働いている。

だが、成熟国家となった今の日本の国民には、自分たちが目指すべき夢や理想——いわば「坂の上の雲」が見えなくなってしまっているのだと思う。そういうかつてない現実に対して、これまでのように税金を湯水のように使って消費を煽《あお》るのではなく、心理に働きかけることによって経済を活性化する方法がまだいくつか残っている。低欲望社会が現出した背景には何があり、今後どう対処すべきか——それを論じたのが本書である。

*

後述するように、今日《こんにち》の日本の〝惨状〟は、私が著作を世に問うようになった四半世紀以上も前から予測し、解決策を提言してきたことでもある。当時すでに問題解決に向けて早急に取り組む必要性を強調していたが、ほとんどの問題は放置されたまま現在に至っている。残された時間はもうわずかだということは、いくら強調してもしすぎることはない。

大前研一

第1章〈現状分析〉

「人口減少＋低欲望社会」の衝撃

ピケティ『21世紀の資本』をどう読むか

人口減少、超高齢化と少子化、欲のない若者たちの増加……世界に先駆けて日本で進展しているそれらの事態に対処する術《すべ》を教えてくれる経済書を、私は寡聞《かぶん》にして知らない。それは、昨今話題になっている著作を読んでも同様だ。

たとえば、世界的なベストセラーとなったパリ経済学校のトマ・ピケティ教授の著書『21世紀の資本』（邦訳は2014年／みすず書房）は、ピケティ教授が20か国以上の3世紀にわたる「所得と資産」の膨大なデータを約15年かけて収集し、それを分析してまとめた700ページを超える大書である。

その要旨は、長期的には経済成長率（g）よりも資本収益率（r）が高いため、多くの富を持つ者にさらに富が蓄積して格差が拡大し、資産の不平等は世襲により時代を超えて続く。この「r＞g」の不平等を是正するには、所得ではなく資産に対する課税を世界的に強化しなければならない――というものだ。本書の推薦文にはノーベル経済学賞受賞者のポール・クルーグマン教授やジョセフ・スティグリッツ教授らが名を連ね、「この10年で最も重要な経済学書になると言っても過言ではない」（クルーグマン教授）、「タイムリーで重要な本だ」（スティグリッツ教授）と絶賛している。

私の考えは全般にクルーグマン教授とは対極的だが、本書が重要だという点では同意する。ただし、あえて言うなら、その分析自体は当たり前のことを述べているにすぎないと思う。

というのは、たとえば、シンガポール政府投資公社（GIC）、アメリカのカルパース（カリフォルニア州職員退職年金基金）やハーバード大学基金といった世界の巨大ファンドの利回りを見ると、金持ちのリターンは平均10％近くに達している。すなわち、富が富を生んでいるのだ。一方、貧しい人たちが銀行に貯金しても、今や利息はほとんどつかない。しかも、先進国では給料が上がっていない。となると、資産で稼ぐ人と賃金で稼ぐ人のギャップは、おのずとどんどん広がっていく。本書が注目されるのは、真面目にビッグデータを分析しているところだが、富める者はますます富み、貧しい者は置いてけぼりを食らってますます貧しくなるというのは、資本主義の下では当然の帰結である。

歴史を振り返れば、産業革命後のイギリスは富の格差が非常に拡大したため、激しい労働運動が巻き起こって社会主義国化し、200年かけて富の再分配が進んだ（それで停滞したイギリス経済を立て直したのが規制撤廃と民営化に舵を切ったサッチャリズムである）。

また、ロシアや中国では格差の拡大が短期間に起きてしまった。スイスの金融大手クレディ・スイスがまとめた「富の独占状態」という報告（図表1）によると、2014年時点で富の独占が最も進行しているのはロシアで約85％に達し、中国は00年の約49％から64％に上昇してこの14年間で最も富の独占が進んだ国になった。両国とも国営企業を民営化した際などに富を一部の人たちが握ってしまったのである。

「田園調布」が普通の街になる理由

いずれにせよ、世界的な潮流である格差問題についてのピケティ教授の分析や観察はその通りだろうと思う。だが、ピケティ教授が格差拡大の解決策として資産に対する累進課税を主張していることには同意できない。その問題点は、今の日本の状況を見ればよくわかる。

図表1 日本は富の再分配が最も進んでいる国の一つ

◆先進国および新興国における富の独占率
（所得上位10%人口の資産が総資産に占める割合（%））

不平等が小さい国／50%以下	ベルギー	**47.2**
	日本	**48.5**
不平等が中程度の国の例／50%以上	オーストラリア	**51.1**
	イタリア	**51.5**
	フランス	**53.1**
	イギリス	**54.1**
	フィンランド	**54.5**
	オランダ	**54.8**
不平等が非常に大きい国の例／70%以上	インド	**74.0**
	アメリカ	**74.6**
	タイ	**75.0**
	フィリピン	**76.0**
	インドネシア	**77.2**
	香港	**77.5**
	トルコ	**77.7**
	ロシア	**84.8**

出所:クレディ・スイス「グローバル・ウェルス・データブック 2014」
James Davies, Rodrigo Lluberas and Anthony Shorrocks, Credit Suisse Global Wealth Databook 2014

たしかに日本は、世界的に見て富の再分配が最もうまくできている国の一つである。累進課税によって、イギリスと同じようにどんどん社会主義国化したからで、前出のクレディ・スイスの報告によれば、富の再分配が最も進んでいる国はベルギー(47%)で、第2位が日本(49%)だ。富の独占率が50%を下回ったのは、調査国中この2か国だけだった。

かつては住民税を含めた所得税の最高税率が80%超に達した時期もあった(図表2)。今は最高55%まで下がったが、それでも江戸時代の「五公五民」(農民が収穫の半分を年貢として納め、残りの半分を自分のものにするという租税徴収の割合)よりひどい。その結果、世界でも富の集中が少ない国になっているのだ。

日本は諸外国に比べて相続税も高く、最高税率は50%を超える。このため、たとえば東京・田園調布に不動産を所有していた知人は、相続コンサルタントのアドバイスで、相続税対策として借金をして敷地内に賃貸アパートを建てた。ところがバブル崩壊で地価が下がり、本人の死後、たしかに相続税はゼロになったが、借金が相続財産を上回って借金だけが残るという悲惨な結果になった。同様の例が多々あるため、かつての高級住宅地・田園調布も、今や区画が小さくなって普通の街並みになりつつある。

図表2 所得税＋住民税の最高税率が88％の時期もあった

◆所得税と個人住民税の税率の推移

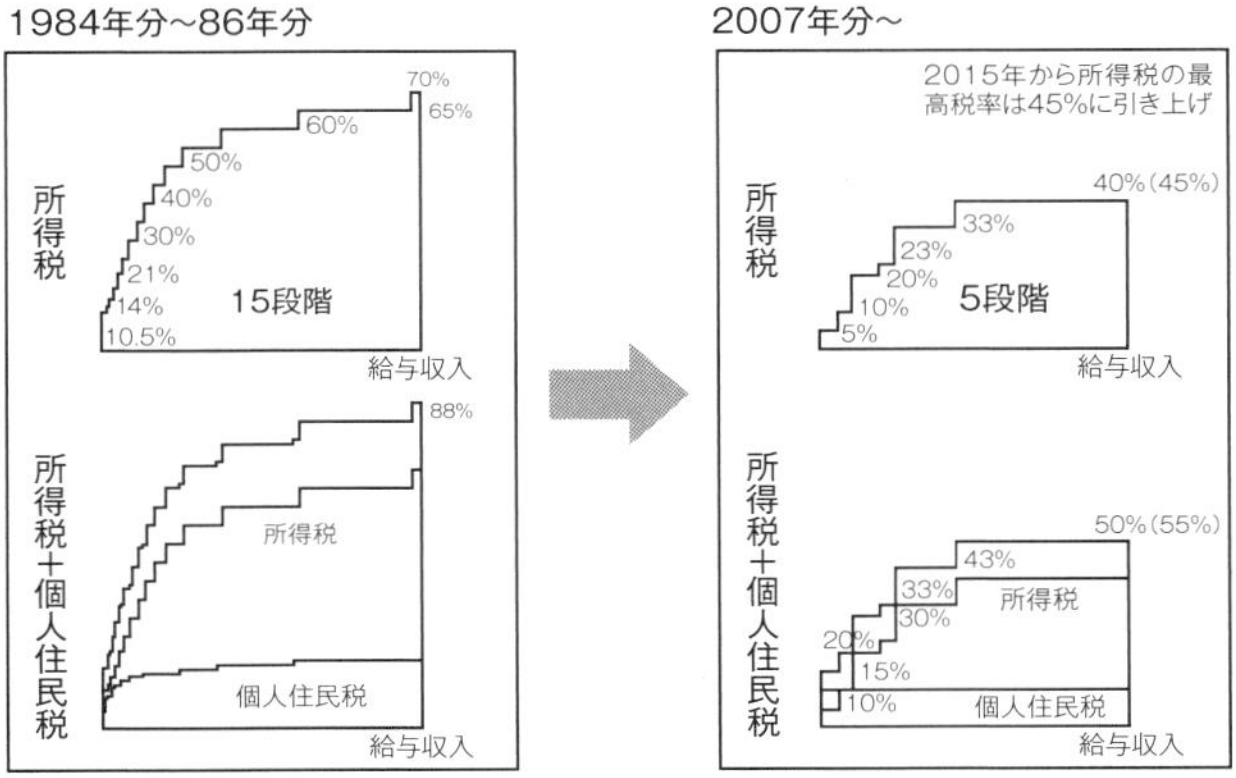

出所:財務省HP「所得税など（個人所得課税）に関する資料」

◆給与階級別給与所得者数・構成比

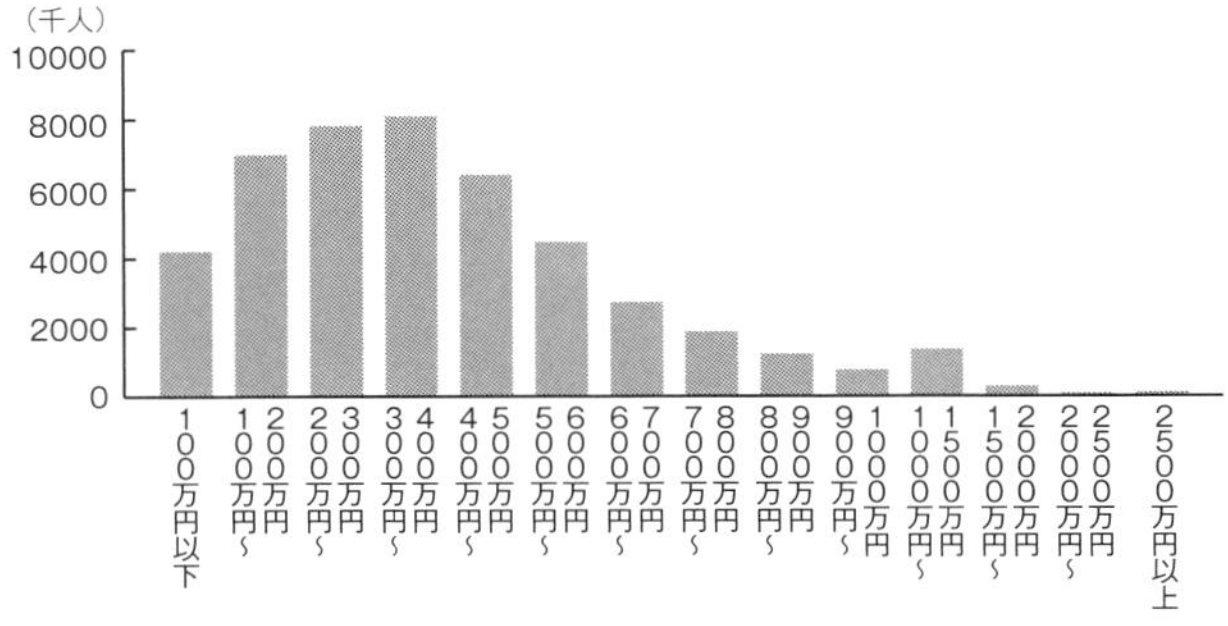

出所:国税庁長官官房企画課「平成25年分民間給与実態統計調査」

相続税は2015年1月1日から最高税率が55％に引き上げられるとともに、基礎控除額がこれまでの5000万円＋（1000万円×法定相続人の数）から3000万円＋（600万円×法定相続人の数）に引き下げられ、より多くの人が相続税の課税対象となっている。この過酷な税制を見ると、そこそこの収入や資産を得たら、それ以上に収入や資産を増やそうというインセンティブはなくなってしまう。

これはピケティ教授が主張する富の再分配の一つの形である。だが、富を持てる者と持たざる者の不平等を解決するために日本のような累進課税を導入し、税金を取りやすい金持ちなどから取るというのは悲しい話だと思う。

なぜなら、日本の場合は医者や農民などが税制面で極めて優遇されているし、所得税の課税最低限が単身者だと114万4000円、夫婦のみだと156万6000円、夫婦と子供2人（大学生と中学生）だと261万6000円で、税金を払っていない人々が大勢いるなど、租税負担が平等ではないからだ。

私は、職業によって税制面で優遇されたり、所得が少ないからといって所得税を免除されるというのはおかしいと思う。みんなで負担し、みんなでメリットを享受するという民主主義の原則から外れるからだ。活気のある社会を維持するためには、所得に応じて負担することで国家や自治体の公共サービスが受けられるという制度にすべきだろう。

今、多くの日本人は「皆が等しく貧乏になっていく」という現状に閉塞感を覚えているのではないかと思う（図表3）。果たしてそれでよいのか、ということが問われているのである。

民主主義の哲学に反する累進制

前項で述べたように、いわゆるビッグデータを真面目に分析したという点で、トマ・ピケティ教授の著書『21世紀の資本』は重要である。しかし、ピケティ教授が格差拡大の解決策として主張している累進課税は、結果的に人々のマインドを小さくする。資本主義社会は、利潤動機がなければエネルギーが出てこないのだ。

しかも、極端な累進課税は民主主義の哲学に反する。民主主義は「1人1票」だ。ところが、日本のように所得が多い人には住民税を含めて最高55％課税し、所得が少ない人（課税最低限以下の人）には課税しないとなると、選挙の投票などでは権利は同じなのに、負担（納税義務）に大きな差が生じる。私は、最低でも5％は課税し、累進制にするとしても最高税率は25％程度に抑えるべきであり、それが活力ある社会を保つ限界ではないかと思う。

かてて加えて、政府と国会議員は組織票を持つ団体などに媚《こ》びへつらい、票が多い低所得層へのサービス合戦を繰り広げている。そうなると何が起きるか？　本来、高所得者たちは社会的に多様な貢献ができるはずなのに、すでに自分は高額な税金を納めることで十分義務を果たしているという意識になり、社会貢献マインドが非常に小さい〝矮小《わいしょう》化した富裕層〟をつくってしまう。

だが、「稼げば稼ぐほど社会に貢献できる」というインセンティブがない社会は発展しないと思う。

皆が等しく貧乏になる国・日本

最も民主主義と相性が良い税制は「フラット課税」である。世界には所得税率10～15％のフラット課税を導入している国が少なくないが、たとえば所得税率を「一律15％」とす

図表3 日本では皆が等しく貧乏になっていく

◆1世帯あたり127万円も減少――平均所得金額の年次推移

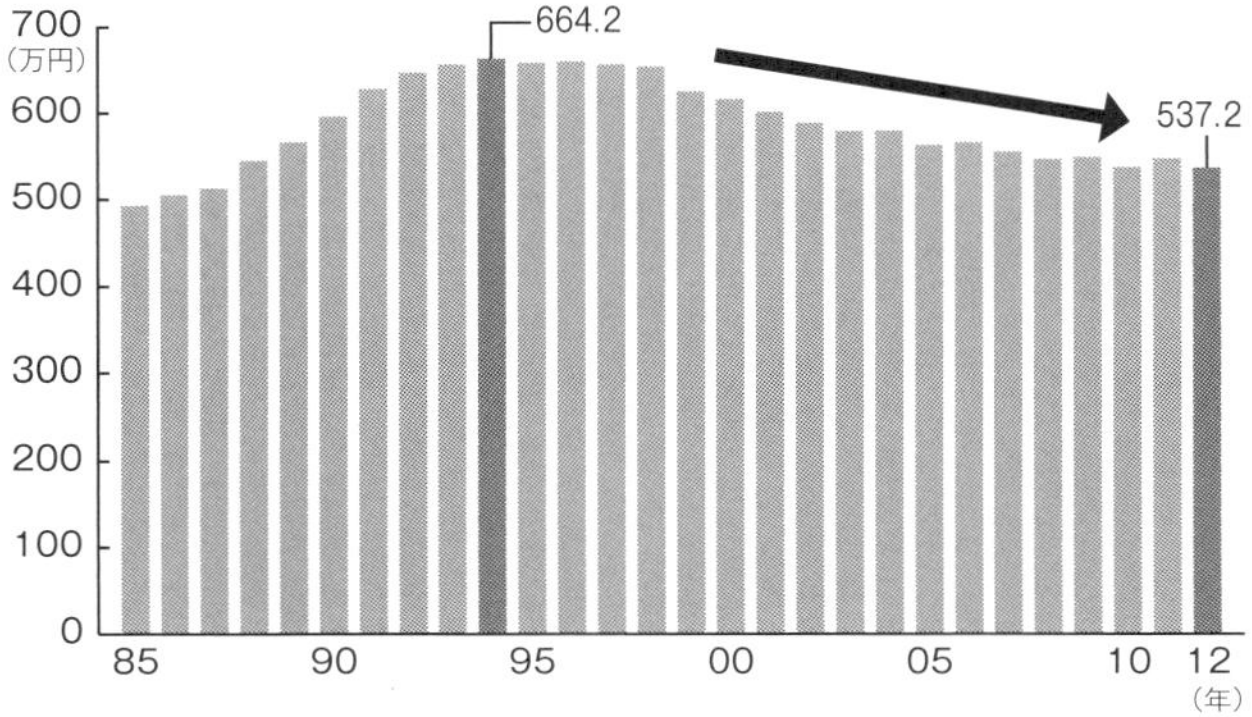

◆生活意識別世帯数の構成割合の年次推移

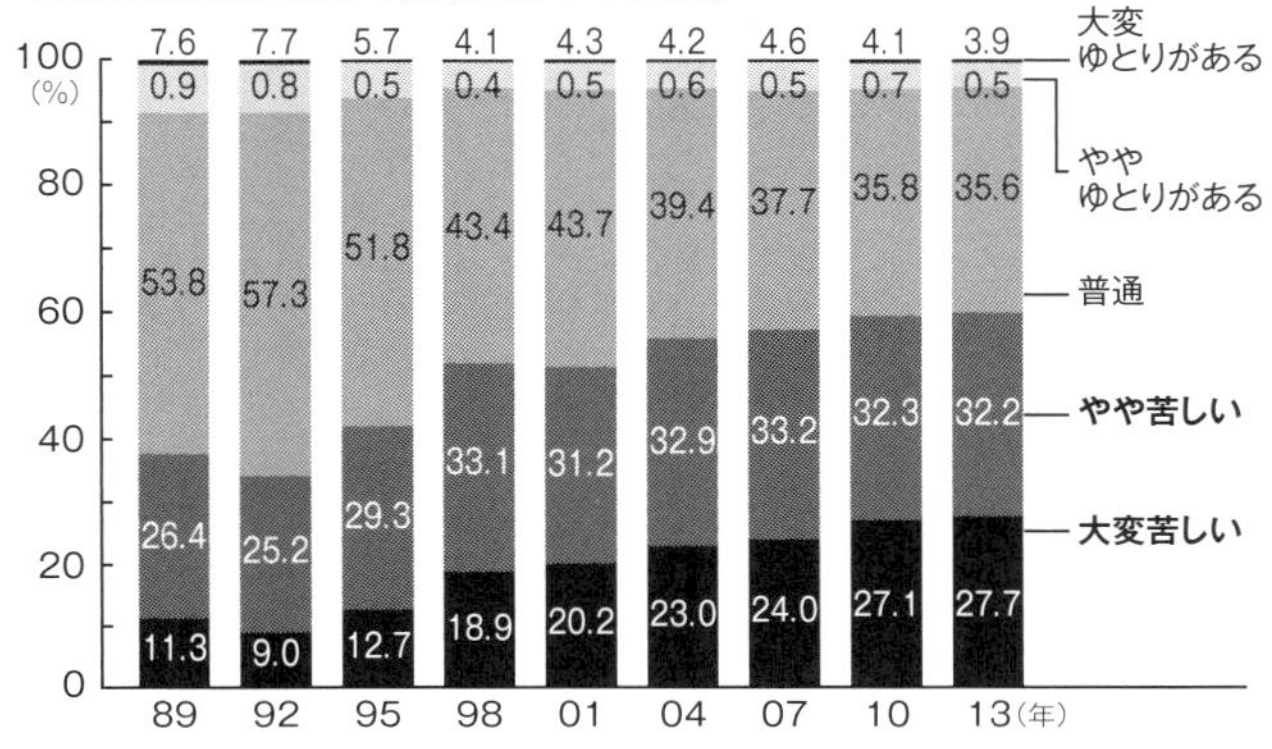

出所:平成26年「国民生活基礎調査」

ると、２００万円稼いだ人は30万円、２億円稼いだ人は３０００万円の税金を払う。この時点で、すでに税負担に２９７０万円もの差がついている。累進課税は、これをさらに歪めるものだ。

仮に、『21世紀の資本』が展開する現状分析を第1章、解決策を第2章とすれば、第3章は「では、どうすれば富裕層に社会貢献をさせることができるのか、国民を元気にできるのか」ということが主題となる。その点、今の日本の税制ではどうにもならない。

21世紀の国際競争とは、すなわち優秀な人材の取り合いである。しかし、日本はそこに参加することさえできないだろう。日本の所得税の累進税率や相続税の税率を聞けば、日本に住みたいと思う優秀な外国人はいないからである。相続税がさらに増税される15年以降は、日本の富裕層も相次ぎ海外に移住していくだろう。

そもそも現在の不景気の原因は、個人金融資産が１７００兆円、企業の内部留保が３８０兆円もあるのに、それが市場に出てこないことである。安倍首相は消費税を増税して景気をさらに悪化させるのかどうかで総選挙にまで打って出たわけだが、滞留している金融資産に1％課税するだけで20兆円もの歳入増になる。資産税は、日本のように停滞した先

図表4 「M型社会」が進展し、個人はますます資産を貯め込む

◆年収階級別世帯数割合の変化

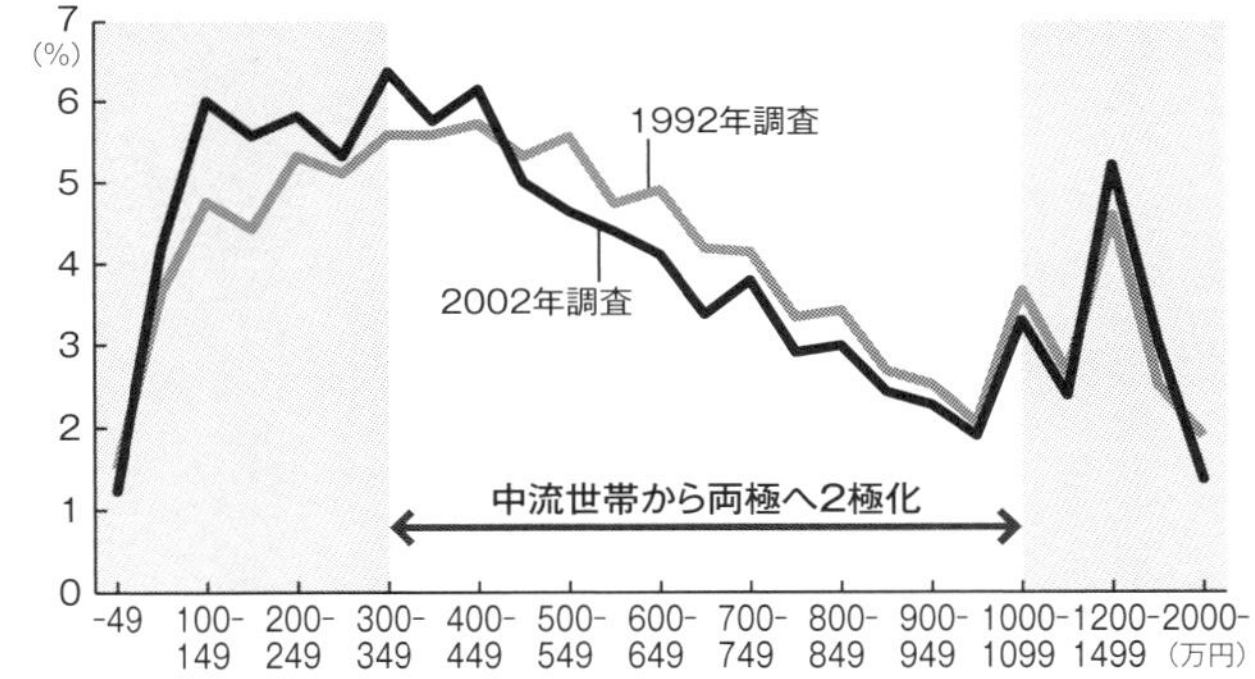

出所:厚生労働省「国民生活基礎調査」(所得は、調査年前年1年間のもの)

◆家計の金融資産・現金・預金額の推移

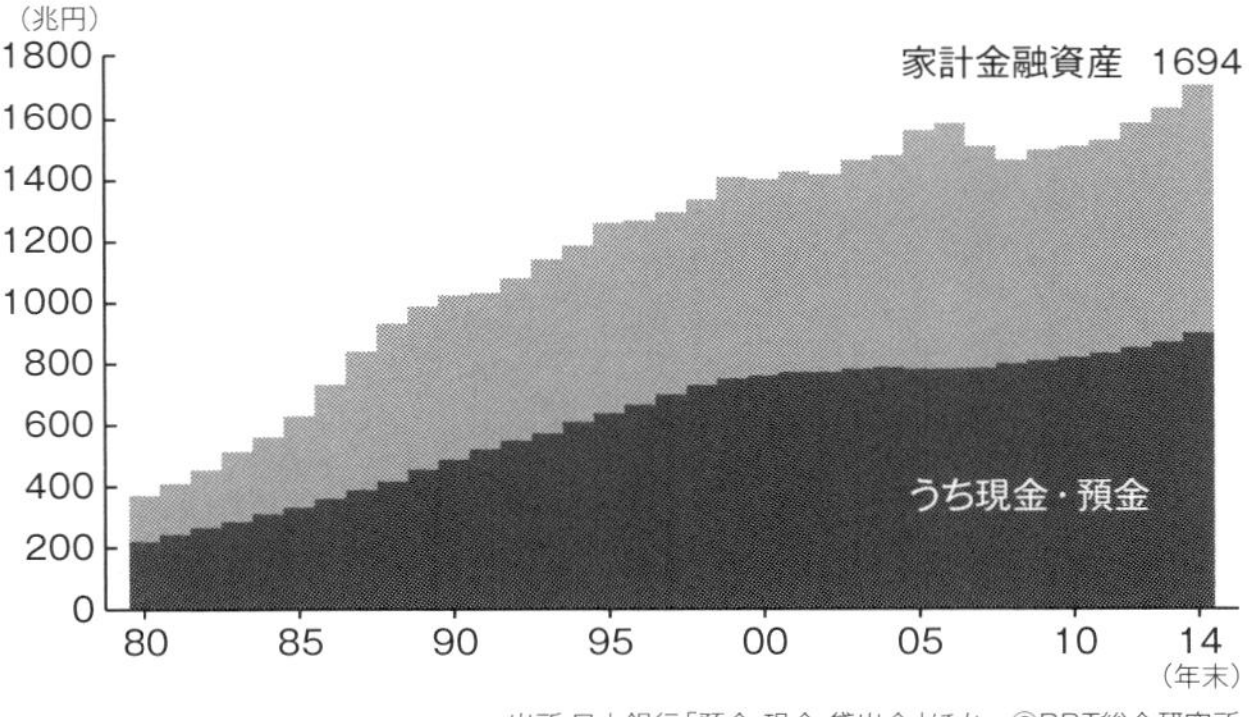

出所:日本銀行「預金・現金・貸出金」ほか ©BBT総合研究所

進国にふさわしい税制だ、と私が提案する理由はまさにここにある。

経済成長している中進国や発展途上国では年々給与が上がるから所得税の累進課税でよいが、成熟して経済成長しなくなった先進国では給与が上がらないので、所得への累進課税は〝稼ぐ意欲〟の喪失につながる。その一方で、ピケティ教授が指摘している通り、金利や運用利回りの高い先進国の富める者は収入が資産に化け、その資産がさらに資産を生むから、資産に対して課税するのは理に適《かな》う（少なくとも日本では累進制にするほど運用資産が富を生んでいないので、私はフラット課税を提案している）。

所得に関しては、日本ではこの10数年間でどの所得層も年収が約100万円減少している。私が以前から分析している「M型社会」で、Mの右側にあたる年収1200万超セグメントでさえ同様だ。真ん中の中間層が減少し、低所得層が大きく膨らんで、さらに平均所得が左にずれている（図表4）。高所得者にしても、稼いだところで高い税金を取られるだけだから「もっと金持ちになろう」という強いインセンティブがなくなり、元気がない。皆が等しく貧乏になって沈みつつある——それが今の日本の紛れもない現実なのである。

それでいいのか？　『21世紀の資本』は、そうした議論の非常に良い起点になるだろう。

やっぱりピケティは日本について勉強不足

さらに15年1月にトマ・ピケティ教授が来日し、著書にはなかった日本の問題点（格差）について見解を開陳した。

たとえば、日本記者クラブでの会見では「日本は格差が拡大している」「消費税を上げても、あまり良い結果を生んでいない」「資産家の高所得層に高税を課し、資産を持たない若者や中低所得層の所得税を引き下げる累進課税にすべきだ」などと指摘した。

前述したように、ピケティ教授の主張は、先進諸国では資本収益率（r）が経済成長率（g）よりも高い（r＞g）ため、多くの富を持つ者にさらに富が蓄積して格差が拡大し、資産の不平等は世襲により時代を超えて続く。この不平等を是正するには所得ではなく資産に対する課税を強化しなければならない――というものだ。この〝ピケティ理論〟を皆が崇《あが》め、国会でも「格差」が争点の一つになっている。だが、ピケティ教授は今の日本については勉強不足だ。

先に、ピケティ教授の分析は傾聴には値するが、格差拡大の解決策として資産に対する累進課税を主張していることには同意できない、と述べた。その見解は基本的に変わっていない。

そもそも日本の場合、資本収益率が極めて低くなっているため、格差はさほど拡大していない。

不動産が大きく値上がりしたのは、バブル時代の1980年代末までだ。それ以降はほぼ横ばいで、大半の地方では下がっている。金融資産も90年代半ばまでは4～5%で回っていたが、今や定期預金の金利は0・2%以下で、それより金利が高い商品は特例的に預入期間が短いかリスクがあるかのどちらかだ。

つまり、日本の場合、90年代後半以降の経済成長率と資本収益率はどっこいどっこいで、ほぼゼロかマイナスなのだ。したがって、日本国内で「資産を増やす」のは至難《しなん》の業《わざ》になっている。

たしかに、日本で格差が拡大しているかのように見えるデータもある。たとえば、「相対的貧困率」（所得水準の「中央値」の半分以下の所得者の割合）や「ジニ係数」（所得分配の不平等さを表わす指標。0から1までの数値で示し、1に近いほど所得格差が大きい）といった経済指標がそれだ。

しかし、日本で格差が拡大していることを示す現象はどこにもない。海外の場合は欧米でも中国でも格差が目に見えて広がっている。

たとえば、宮殿のような大邸宅がある一方で、ほとんどの大都市にはスラム（極貧層が居住する過密化した地区）がある。しかし、そういうものは日本ではあまり見かけない。町の中に失業者やホームレスがあふれているわけでもない。

かたや近年の日本で大金持ちになったのがどういう人かと言えば、企業の創業者でIPO（株式公開）をした人や親から株をもらってキャピタルゲインで儲けた人が中心で、ごく少数だ。

このように、マクロ経済の指標ではなくミクロ経済の視点から実際の世の中を観察すると、日本の格差はそれほど拡大していないことがわかる。それどころか、私は日本は世界で最も公平で富の集中が少ない国、言い換えれば世界で〝最も社会主義化した資本主義国〟だと思う。だから資産家に対して累進課税で高税を課すべきだというピケティ教授の主張は、全く当てはまらないと考えている。

資産課税は一律フラットにする

さらにピケティ教授は、高所得層にも低所得層にも広く薄く課税する消費税の増税については「あまり良い結果を生んでいない」と批判し、格差是正の処方箋として富裕層に対する世界的な資産課税強化を提案している。それに対して安倍首相は、世界的な資産課税強化について「執行面でなかなか難しい面もある」と否定的な見方を示している。

それは財務省からすれば当然だろう。いま財務省は何としても消費税率を10％に上げたいから、資産課税強化は二の次だと思う。安倍首相の発言は、そうした財務省の意を受けてのものかもしれない。

私は、消費税についてはピケティ教授と違って予定通り10％に増税すべきという意見だ。ただし、最終的な消費に対して課税する消費税ではなく、経済活動に伴って発生する付加価値（富の創出）に対し、すべての流通段階で一律に広く課税する付加価値税（ＶＡＴ／Value Add Tax）を導入すべきだと考えている。その税率を10％とすれば、日本の付加価値の総額≒ＧＤＰが約５００兆円だから、税収は約50兆円になる。

一方、ピケティ教授の資産課税にシフトすべきという意見は、私が20年前から提言していることであり、日本は資産に対する課税が不均等で不公平で軽すぎるので賛成だ。しかし、資産額に応じた累進課税には反対だ。なぜなら、資産を増やしていくことに対するディス・インセンティブが働くからである。

私の案は、預貯金や株式などの流動資産と不動産などの固定資産に対し、それを相続した人も含めて一律にフラットな税率で課税するというものだ。そうすれば資産リッチな高齢者やその相続人から多く取り、資産プアな若い人からは少なく取ることになる。そうやって所得ではなく資産に課税する税制が、成熟して所得は増えないが資産の大きい日本には最もふさわしい制度となる。成長期には伸びしろのある所得に、成熟期には所得ではなく資産に課税するというのは常識だ。

日本の個人・法人の流動資産と固定資産は合計約３０００兆円とされているので、これに時価の１％を課税すると、税収は約30兆円になる（企業が生産や営業のために持つ資産には課税しない）。付加価値税と資産税の合計は約80兆円。国の一般会計予算が約１００

兆円だから、20％カットすれば所得税、法人税、相続税など他のすべての税金を廃止しても帳尻が合う。国債を減らしていくために資産税を一定期間は1％ではなく1・5％にするとか、付加価値税を15％に上げるといった〝苦渋のトンネル〟が必要かもしれない。

ただし、ピケティ教授が提案している「累進課税による世界的な資産課税強化」は現実的に無理だろう。できたとしても、富裕層のためのタックス・ヘイブンが世界に増えるだけだと思う。それよりも、日本のような成熟国家では相続した人も含めて「一律の資産課税」にして相続税を廃止したほうが、消費（すなわち景気）にとっても好都合だし、格差是正の効果的な処方箋にもなるだろう。

危機の教訓から何も学んでいないアメリカ

今の日本経済を理解していないのはピケティ教授だけではない。『21世紀の資本』に続くベストセラー〝最右翼〟とも評される、プリンストン大学のアティフ・ミアン教授とシカゴ大学のアミール・サフィ教授の共著『ハウス・オブ・デット（House of Debt＝借金漬けの家）』（邦訳は2015年／東洋経済新報社）もそうだ。

同書は、アメリカの「サブプライム住宅ローン（信用度が低い消費者向け住宅ローン）危機」のデータを収集して分析し、高額な住宅ローンを組んで家を購入した人たちは住宅価格が下落してくると消費を厳しく切り詰めなければならなくなっていっそう不況が深刻になるということを立証した上で、中低所得層の借金増加が経済の不安定を招くと主張している。

そして、そういう現象を防ぐための方策として、住宅価格の下落時に貸し手は返済額の減額を認め、上昇時には価格の上昇分を得る「SRM（責任共有型住宅ローン）」という仕組みを提唱している。これはまさに学者による〝机上の空論〟で、あまり現実的とは思えないが、そもそも『ハウス・オブ・デット』の前提からして今の日本には全く当てはまらない。

現在、アメリカは景気が上向き、ダウ平均株価が史上最高値を更新している上、米ドルは独歩高で、企業の設備投資や住宅をはじめとする個人消費も拡大している。なかでも自動車はガソリン価格の下落もあって大型車を中心に売れ行きが伸びている。2014年の新車販売台数は1652万台で07年の1615万台を上回り、サブプライム危機前の水準に回復した。15年も1747万台と過去最高を更新し、好調を持続している。

ただし、それに伴いサブプライム向け自動車ローンが急増し、他の分野のサブプライム向けローンも高水準に達しているため、〝第2のサブプライム危機〟が危惧されている。

つまり、前回住宅で起きたサブプライム危機の教訓から何も学んでいない、今度は自動車で起きるというわけだが、言い換えれば、ことほどさようにアメリカは「欲望過剰社会」なのである。

リスクを背負いたがらない若者たち

しかし、日本は全く違う。前述したように、長期固定金利の住宅ローン「フラット35」の金利が1%台になっても、利用者はいっこうに増えていない。自動車ローンの金利は2%前後だが、2015年の新車販売台数は、消費税増税前の駆け込み需要に支えられた前年から10ポイント近く下がり、505万台に減少。とりわけ反動の大きかった軽自動車は、対前年比83・4%まで落ち込んだ。

アメリカの住宅ローンや自動車ローンの金利は、プライム（信用度が高い消費者）向けローンでも4％台である。普通の国では金利が5％以下になったら借り手が殺到するが、日本ではいくら金利が低くなっても借りてくれないのだ。その理由は、私が以前から指摘しているように、日本が世界に類のない「低欲望社会」になったからである。

もちろん日本の家計にも負債はあるが、内閣府の2014年版「高齢社会白書」によれば、平均的な日本人の場合、1世帯あたりの負債残高が最も多くなるのは40代の978万円（ただし貯蓄も1033万円ある）で、その後は負債残高が減り、貯蓄残高が増えて

図表5 老後の心配をしているため、高齢世帯の貯蓄額が大きい

◆世帯主の年齢階級別1世帯あたりの貯蓄・負債残高、年間収入、持ち家率

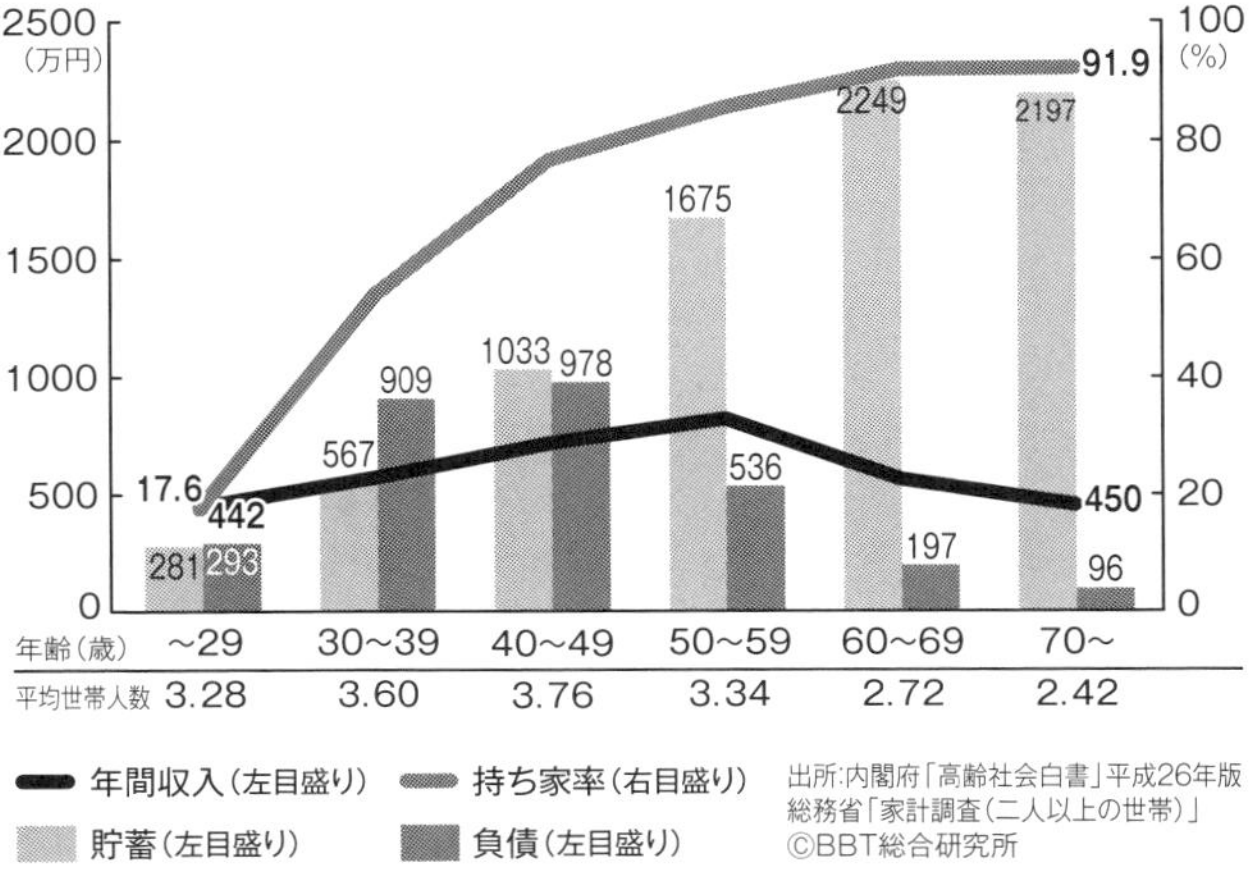

出所：内閣府「高齢社会白書」平成26年版
総務省「家計調査（二人以上の世帯）」
©BBT総合研究所

いく。そして70歳以降は負債残高が96万円に減っているのに対し、貯蓄残高が2197万円にも増えている（図表5参照）。

最近は定年退職後の年金支給開始年齢が遅くなっているため、その間に住宅ローンが払えなくなったり、貯蓄を食いつぶしてしまったりする「老後破産」という現象も出てきているが、まだ大半の日本人は、人生の終わりには、きれいに負債がなくなっているのだ。

しかも、2人以上の世帯では、持ち家率は30代で50％、40代で75％、50代で80％を超え、60歳以降は90％に達している。これほど持ち家率が高い国は世界でもほとんど例がないだろう。

なぜ、そうなったのか？　地方の場合、今や住宅は中古なら一戸建てが500万円ほどで買えるし、親に家を建ててもらったり、親の家をリフォームして住んだりしている人も多い。さらに今は東京などの大都市でも、地方から上京してきた第1世代の住宅を引き継いだり、売却した資金で別の住宅を購入したりしている第2世代、第3世代が少なくない。したがって、かつてのように親の脛《すね》をかじらず独力で住宅を購入して3000万～4000万円の負債（住宅ローン）を抱えている人は、かなり減少していると思われる。

また、いま35歳以下の人たちは、物心がついた頃から「失われた20年」の暗いデフレ不況時代しか経験していないので、大多数が住宅ローンだけでなく結婚や子供など、すべてのリスクや責任を背負い込みたくないという意識になっている。

会社でも、さほど給料は上がらないし自分がやりたいこともやれないのに責任だけ重くなる役職には就きたくないという若手が増えている。私たちの世代は、誰もがとにかく出世して最後は社長になりたいと思っていたものだが、そういうアンビションは、もはや日本の大半の若者にはなくなってしまったのである。その上、これから日本は人口減少と超高齢化がますます進んで経済がシュリンク（縮小）することは避けられない。それを潜在的に感じているから、リスクを背負いたくないのだ。

今や日本は個人金融資産が約１７００兆円、企業の内部留保が３８０兆円に膨らみ、その一方で、国の借金（政府債務残高）はＧＤＰ（国内総生産）の２倍にあたる１０００兆円の大台をとっくに突破している（図表６）。要するに、日本の問題はハウス・オブ・デットではなく、むしろ「カントリー・オブ・デット（借金漬けの国）」なのである。コインの裏側から見れば、個人や企業の貯蓄を国がせっせと使い込んでしまっている、ということだ。国債の暴落が起きれば、個人の貯えが瞬時に消失してしまう、という危険な関係と言ってもいい。

そうした日本の「低欲望社会」について、おそらくミアン教授らは全く理解できないと思う。

皮肉を込めて言えば、『21世紀の資本』も『ハウス・オブ・デット』も、日本が世界に類のない異常な状況になっていることを浮き彫りにしたという意味では価値がある。この「低欲望社会」を理解し、それに対する正しい処方箋（「プロローグ」で述べたような「坂の上の雲」を見上げながら野心を

図表6 国家債務の最大の問題点は、現実に対する危機意識の低さにある

◆一般政府の金融負債残高の推移（兆円、年度）

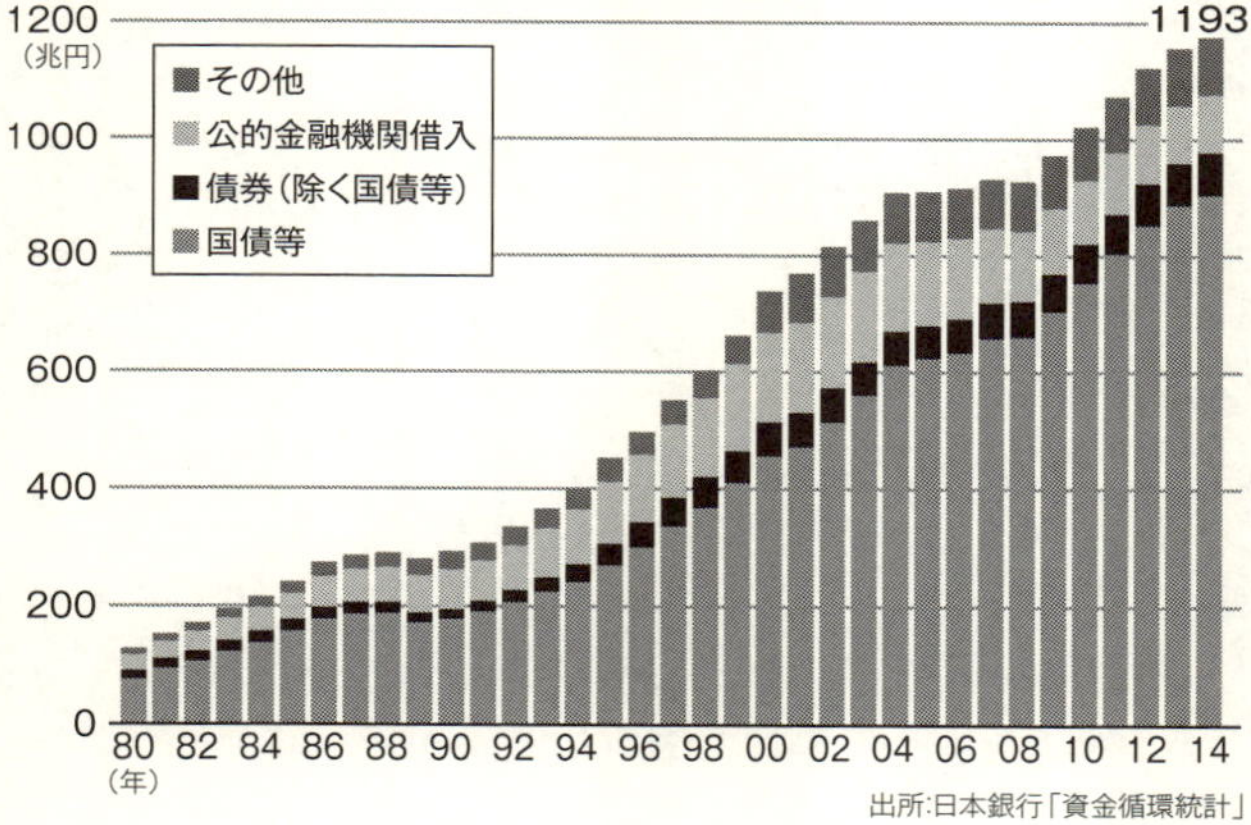

出所:日本銀行「資金循環統計」

滾《たぎ》らせていた頃の日本への回帰）が書けない限り、日本の景気を良くすることはできないのだ。

マスコミが喧伝した「ちょい高」消費

アベノミクスがスタートして、株高・円安の流れになってくると、価格が少し高めの商品が売れる「ちょい高」消費が堅調だという報道が相次いだ。

たとえば、『日本経済新聞』（２０１３年８月17日付）によれば、２０１３年４〜６月期決算で、アートネイチャーは20万〜50万円の高価格帯のオーダーメイドかつらが売れ行きを伸ばし、スターバックスコーヒージャパンは中心価格が５００〜６００円と高めのデザート風飲料「フラペチーノ」の販売が好調で、客単価が６００円弱とセルフサービス式カフェより高い「喫茶室ルノアール」を展開する銀座ルノアールもビジネスマンの利用が増え、いずれも経常利益が大幅に増加した。このほか、セブン‐イレブンの「セブンプレミアム」などコンビニの高めのＰＢ（プライベート・ブランド）商品、マクドナルドの１０００円バーガー、牛丼チェーンの高めのメニュー、ダイソンの羽根なし高級扇風機などが

「ちょい高」商品の例として当時、話題になった。

だが私は、こうした「ちょい高」は一時的なブームの徒花《あだばな》で、再び遠からずモツ鍋と焼酎が人気を集めた時のように「ちょい安」になるだろうと雑誌連載などで反論した。それはサイクルであって、巡り巡っていくものだ。新聞やテレビは、三つか四つの事例や現象をとらえてすぐに安易な〝流行〟報道をするが、それに踊らされてはいけないと注意を促したのである。

また、サラリーマンのボーナスが上がったり、春闘でベア（ベースアップ）が増えたりしているというが、（一部の大企業を除く）大多数の勤労者の給与が上がったわけではない。となれば、「ちょい高」の一方で、ほとんどの消費者は他のジャンルで倹約したり、「ちょい安」商品や「格安」商品を買ったりしてバランスを取っているはずだ。要は、支出の〝配分〟が多少変わっただけで、全部「ちょい高」消費ができるのは、金持ちだけである。

ただし、日本は相対的に見て金持ちの少ない国である。東京は世界でも1億円以上の資産を持っている人が最も多い都市と言われているが、その中身は不動産が中心であり、し

図表7 40歳未満は持ち家比率が低下している

◆家計主の年齢階級別持ち家世帯率(1973-2013年)

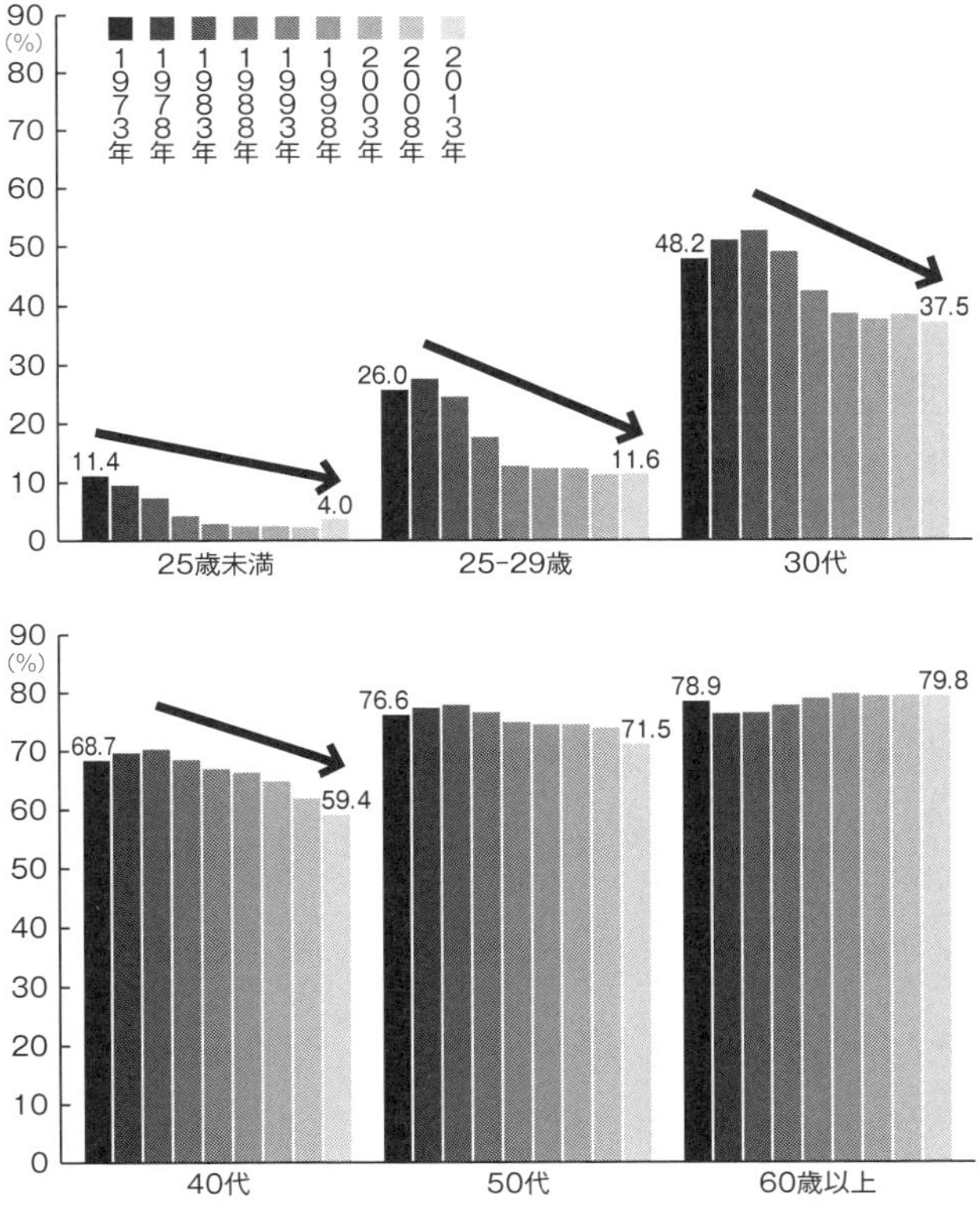

出所:総務省統計局「住宅・土地統計調査」

かも10億円以上、100億円以上のレベルになると一気に減って、ニューヨークやロンドン、シンガポールなどより格段に少ない。つまり「ちょい高」以上の本格的な高値志向には、なりようがないのだ。

そもそも、安倍首相が「最低でも物価を2%アップさせてみせる」と言い、それで日本銀行が2%の物価上昇率目標（インフレ・ターゲット）を導入したのだから、それ以前と比べれば、否が応でも「ちょい高」にならざるを得ない。しかも、円安によって原材料を輸入に頼っている食料品などは、続々と値上がりしている。さらに、2014年4月から消費税が8%に上がったことで、おのずと何もかもが「ちょい高」になり、国民の生活は厳しくなっている。

そういう状況の中で最近、私が注目したニュースがある。若い人たちの持ち家比率が低下した、という統計だ。2012年度の「国土交通白書」によると、1983年から2008年の25年間で、30～39歳の持ち家率は53・3%から39%に、30歳未満の持ち家率も17・9%から7・5%に低下し、逆に40歳未満で民間の賃貸住宅に住む割合は39・7%から59・7%に上昇したのである（図表7は総務省統計）。一方、総務省の家計調査によれば、2012年は2人以上の世帯の持ち家率は81・4％で前年より2・5ポイント増え、4年ぶりに過去最高を更新した。ということは、大まかに言うと、持ち家率は40代以上で上昇し、20代・30代で低下しているわけだ。これは、「ちょい高」消費と地続きでつながっている「低欲望社会」の一端を示していると思う。

「所有しない選択」が合理的な理由

私は1990年に月刊誌『文藝春秋』で、バブル崩壊によって日本の不動産は10分の1になるから買ってはいけない、と警告する論文を書いた。以来、日本の不動産価格が上がることはないと私は言い続けてきたが、その後も現在の40代・50代を中心に多くの人が住宅を高値づかみしてしまい、今や返済に四苦八苦しているという状況だ。

なぜ、彼らは焦って住宅を買ったのか？　住宅金融公庫（現在の住宅金融支援機構）の「ゆとりローン」や年金住宅融資（現在は廃止）の「ステップローン」（どちらも当初5〜10年間は返済金額を抑え、その分を設定期間終了後に上乗せして支払うという仕組みの終身雇用・定期昇給を前提とした住宅ローン商品）に騙《だま》されたという側面もあるが、根本的には「いま買わなかったら、もっと高くなる」と思ったからだ。

しかし、若いうちに25～35年ローンを組んで住宅を買ってしまうと、人生を「負け＝マイナス数千万円」からスタートすることになる。

今後、人口が減り続ける日本の住宅価格は、下がることはあっても上がることは、東京都心部など一部の例外を除いて、おそらく永遠にないだろう。実際、今や大半のマンションは、住宅ローンの支払いが賃貸に出した時の賃料を上回る。つまり、同レベルの物件であれば、住宅ローンを組んで購入した時の月々の返済額よりも安い月額家賃で借りることができるわけだ。最後は自分のものになる、という安心感もあるだろうが、その時に売りに出してみれば二束三文で、引退後の住宅（リタイアメント・ホーム）の購入もままならない。

20代・30代の持ち家率が低下した理由を国土交通省やマスコミは、賃金上昇率の伸び悩みや非正規雇用の増加などの影響で住宅ローンを組めない・払えない世帯が増加したからだと分析している。だが、結果的に彼らが持ち家ではなく賃貸を選択するようになったのは、戦後初めて日本人が「住宅を所有しない」という極めて合理的な判断をしているということだ。

住宅を所有しないのは、ある意味、今のグローバル時代に適している。なぜなら、住宅を所有していると、転勤、とくに海外赴任を命じられた時に大きな足枷《あしかせ》になって人生の選択肢を狭めてしまうからだ。逆に、住宅を所有していない場合は、高い自由度を手にすることができる。たとえば、持ち家よりもコストの安い賃貸で通勤時間の短い場所に住めば、お金や時間に余裕ができるので、人生のフレキシビリティを上げながら、「ちょい高」消費やちょっとした贅沢も可能になる。

こうした「所有しない選択」が、低欲望社会をさらに加速させていく。

日本の最大の問題は「人口減少」

経済学者やエコノミストが往々にして間違えるのは、マクロ経済指標では未来を予測できなくなっているからだ。しかし、未来を正確に予見できる指標が、一つだけある。デモグラフィ（人口統計学）だ。

このままいけば、今後30年、40年経っても日本の労働力人口（15〜64歳）は増えず、高齢化だけが進むことが確実に予想できる。そして、この人口減少こそ、日本が直面している最大の問題である。

何が問題なのかと言えば、ここまでの人口減少を経験した国は未だかつてないにもかかわらず、日本政府はそれを克服するための抜本的な対策を何も打ってこなかったことだ。

人口減少が予測される場合、他の国々では様々な対策をとって人口減少を少しでも食い止めるべく努力してきた。たとえば、後述するように、フランスやスウェーデンでは子供をたくさん産むことができるように手厚い育児給付金を出したり税金を優遇したりしている。あるいは、海外から移民を受け入れて、労働力人口を支えている国も多い。しかし、日本の場合は、そのいずれも本格的にやっていない。

安倍首相は14年10月の衆議院本会議でも、野党の質問に答えて「安倍政権は、いわゆる移民政策を取ることは考えていない」と明言している。外国人労働者の受け入れ拡大については検討を進めているというが、対応が遅すぎる上、「焼け石に水」の感がある。

人口減少という問題に関して言えば、いま日本が抱える最大の課題は戸籍制度にある。今は、いわゆる「できちゃった婚」が結婚の半分以上を占めるとされているが、戸籍という大きな縛りがあるために、妊娠した場合には「できちゃった婚」をするか、「中絶」するかを選択するよう迫られる（実は、出産よりも堕胎した数のほうが多いのではないかという推計もある）。そのほか、結婚せずに子供を育てていくシングルマザーという選択肢もあるが、現状の社会制度では生活が困窮するのは避けられない。

フランスや北欧では、すでに40年前に戸籍を撤廃し、事実婚が社会的に認められている。そもそも、世界的に見れば、戸籍があるのは中国、韓国、そして日本だけである。そして、この戸

図表8 日本の総人口は今後ますます減少幅が拡大していく

◆日本の総人口の推移（100万人、年）

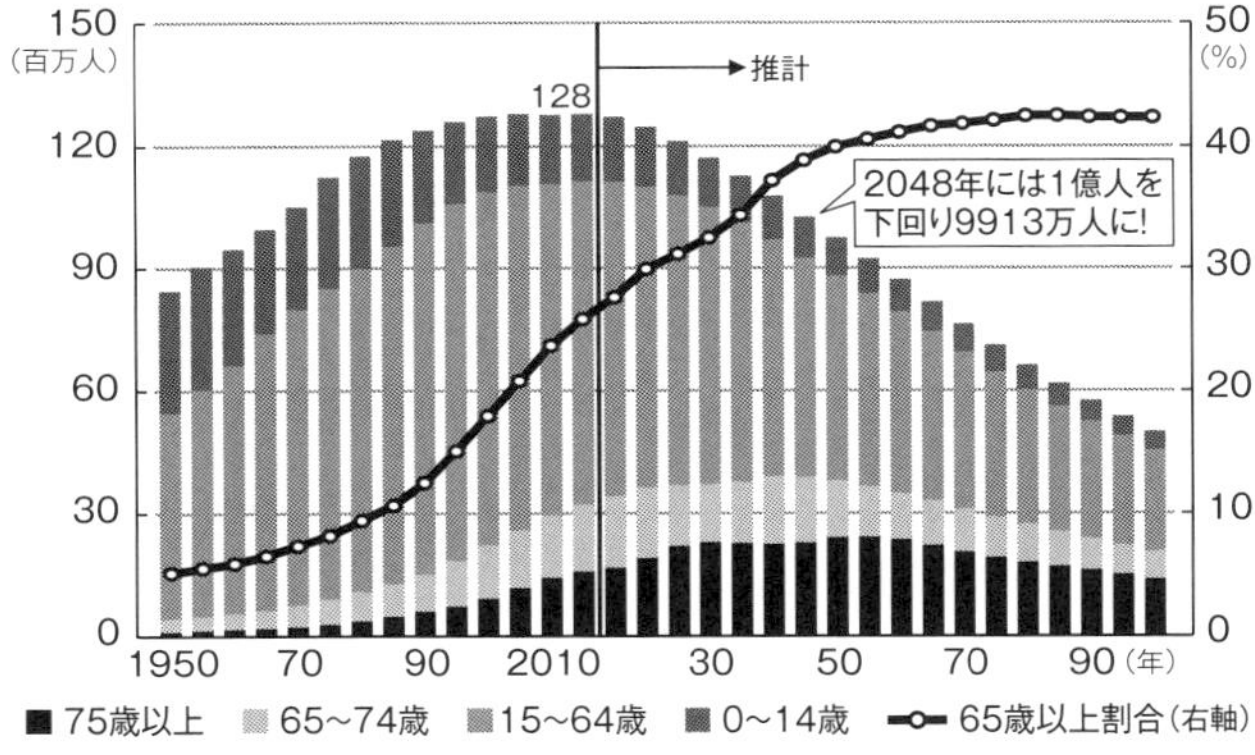

出所:国立社会保障·人口問題研究所「日本の将来推計人口」（平成24年1月推計）、内閣府「高齢社会白書」平成26年版

籍という制度が、子供を増やしていく上での問題となっている。

かつて高度経済成長期には「人口ボーナス」というものがあった。すなわち、団塊の世代をはじめとする人口の多い世代が就職し、税金を払うことで、国の財政を支えてきた。国家の借金があっても、それを将来返していく人間が大勢いたのである。ところが、今は人口ボーナスどころか、人口の増加がピークを越え、逆に人口の減り方が激しいために、税金を払う人が激減し、ますます国の借金を返すのが困難な状態になってきている。

国債暴落は大変だというが、それは人口が減ってきているからそうなっている。つまり、人口減少を何とかしない限り、国の借金も国債の信用低下も避けられないのである。

こうした戸籍撤廃や安定した移民制度についての主張を、私はすでに『新・大前研一レポート』（1993年／講談社）などでやってきた。そして、当時の自治省や今の総務省などにも何度か掛け合ったりもしたが、結果的に全く何も変わっていない。

人口減少という難問に対してどう対処すればよいのか——その答えはとっくの昔にはっきりしている。しかし、今の政府は絶対にこれに真剣に取り組もうとしない。したがって、個人と企業は自衛していくしかないのである。

そこで、この人口減少の問題について、制度とデータの両面から詳しく見ていきたい。

団塊ジュニアの〝次〟がいない

まず図表8を見ていただきたい。日本の総人口は、2010年の1億2806万人をピークに、減少に転じている。今後、ますます減少幅が大きくなっていくが、とりわけ労働力人口の減少が急激に進むと予想されている。やがて、2048年には総人口は1億人を下回り、労働力人口よりもそれ以外の高齢者や子供のほうが多くなる。負担するグループよりも負担される人口のほうが多くなってしまうわけだ。

これでは、国が維持できない。国家として必要な人材である警察や消防、国防といった分野で人員を確保しなくてはいけないため、企業で採用する人材が枯渇する。逆に、企業にそうした人材が流れたら、国防にあたる若者がいなくなる、という事態に至る。

今後の経済がどうなるかはわからないが、かなり遠い将来であってもデモグラフィだけは明快にわかる。次の図表9を見てほしい。

2010年のデモグラフィでは、団塊世代（60〜64歳）が最大で、さらに団塊ジュニア世代が次のピークを形成していることがよくわかる。これが2025年になるとどうなるか？　団塊世代、団塊ジュニア世代はそれぞれ年齢を重ねて、やはりピークを形成しているが、団塊ジュニア世代は現在、3分の1が結婚していない。つまり、少子化・晩婚化が進んでいるために、20代以下の世代で全く人口が増えていないことがわかる。その結果、いくら待望しても〝団塊ジュニア・ジュニア世代〟は生まれてきていないのだ。

さらに、2040年には85歳以上が最も多くなり、団塊ジュニア世代までもが65歳を超えて高齢者の仲間入りをする。しかし、その多数派である高齢者を支える世代は減少する一方であることがわかる。

これらは、明らかにデモグラフィが教える日本への〝警告〟と言ってよい。しかし、現時点では、何も有効な対策を打てていない。

総人口の減少と高齢化の進行は、労働力人口の減少と潜在成長率の低下を招く。同じく消費者の数が減るために消費・住宅需要もシュリンク（縮小）していく。さらに、地域人口の減少が地方の疲弊を招く。地域社会は、人口が1万人を切ると公的サービスを維持することが困難になる。かくして、経済の縮小スパイラルが引き起こされ、国の税収も激減

図表9 デモグラフィ（人口統計学）から未来を予見できる

◆人口ピラミッドから見た人口構造の変化
（年齢階層別人口（5区分、男女計、100万人））

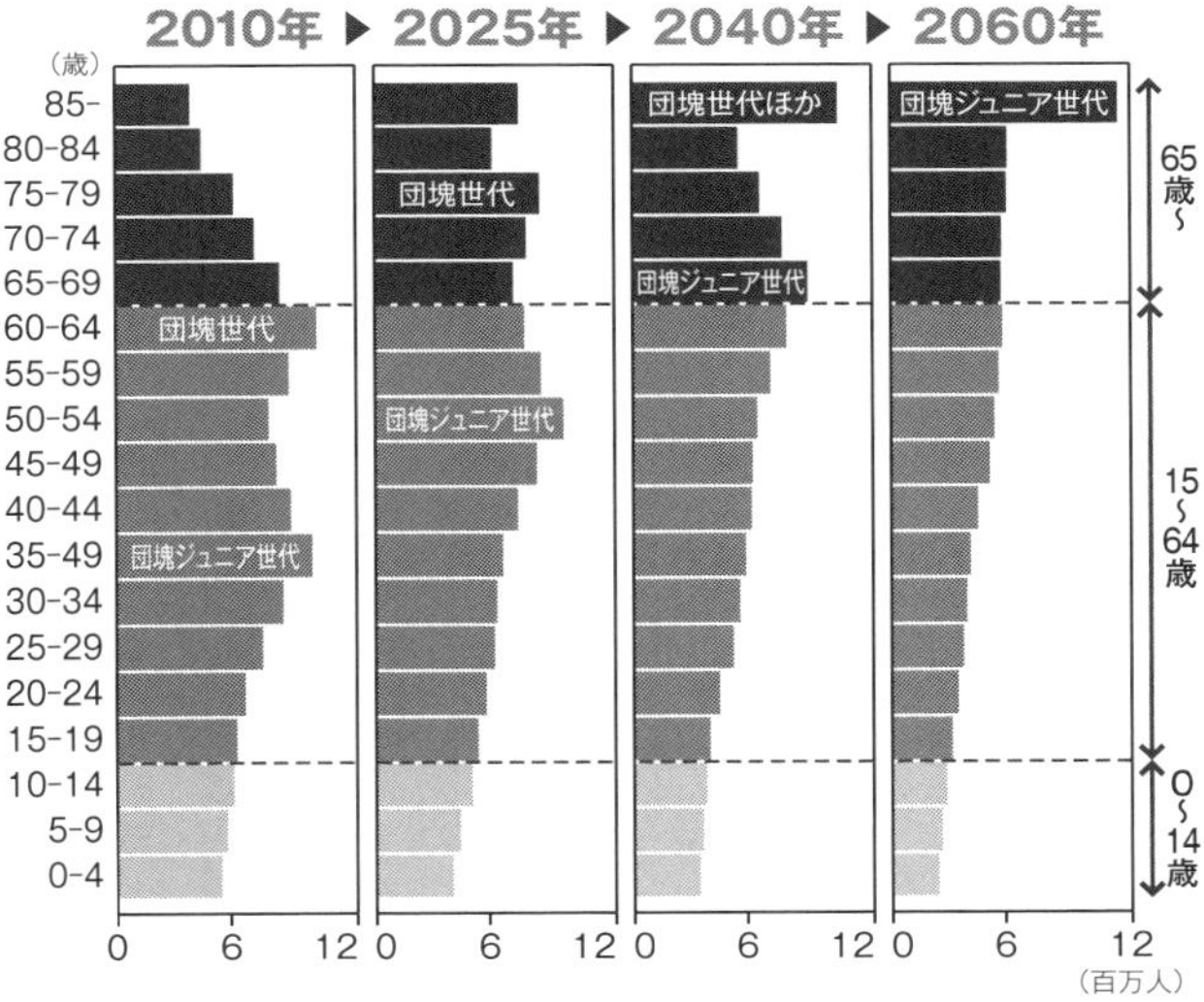

資料:「人口減少問題研究会最終報告書」日本政策投資銀行　©BBT総合研究所

し、財政リスクが高まっていく。

国債の暴落もカウントダウンが始まっている。これは、予言でも何でもなく、暴落は必ず起きる。前述したように、今後の人口減少で、日本の借金を返すべき人間がいなくなるのだから、その国債をいつまでも持っているわけにはいかないだろう。ゆえに、いつになるか——明日か、数年後か——はわからないが、起きることは避けられないのである。

高齢者・女性活用でもカバーできない

日本の労働力人口は、1999年に6793万人を記録した後、減少に転じている(図表10)。一方、高齢者・子供・専業主婦などの女性で構成される非労働力人口は2013年に4500万人を超え、その後も増加を続けている。安倍政権の成長戦略の一つは、この高齢者と女性を労働力として「活用」しようというものだ。

しかし、高齢者に関しては、すでに活用が始まっている。もともと60歳定年のままであれば、年間80万人が減少する予定だったが、今は40万人程度の減少にとどまっている。つまり、単純計算すれば、年間約40万人は60歳を過ぎても働き続けているということになる。

図表10 高齢者・女性の活用だけでは労働力不足をカバーできない

◆労働力人口の推移（万人）

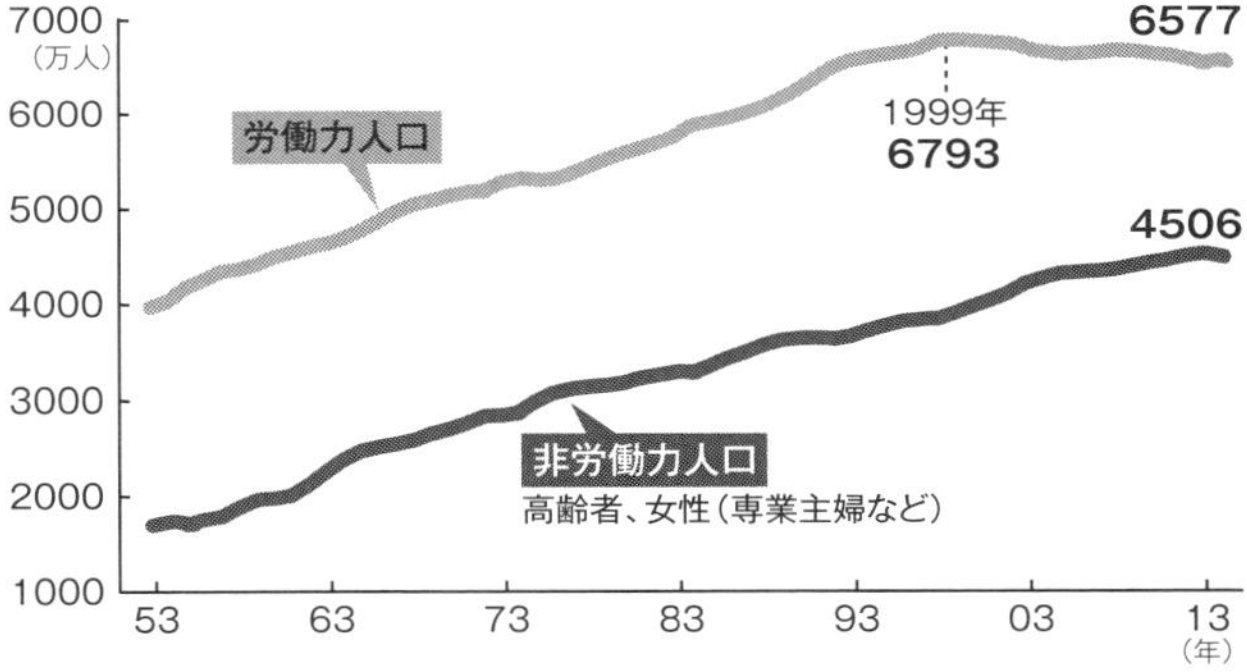

◆労働力人口の将来見通し（万人）

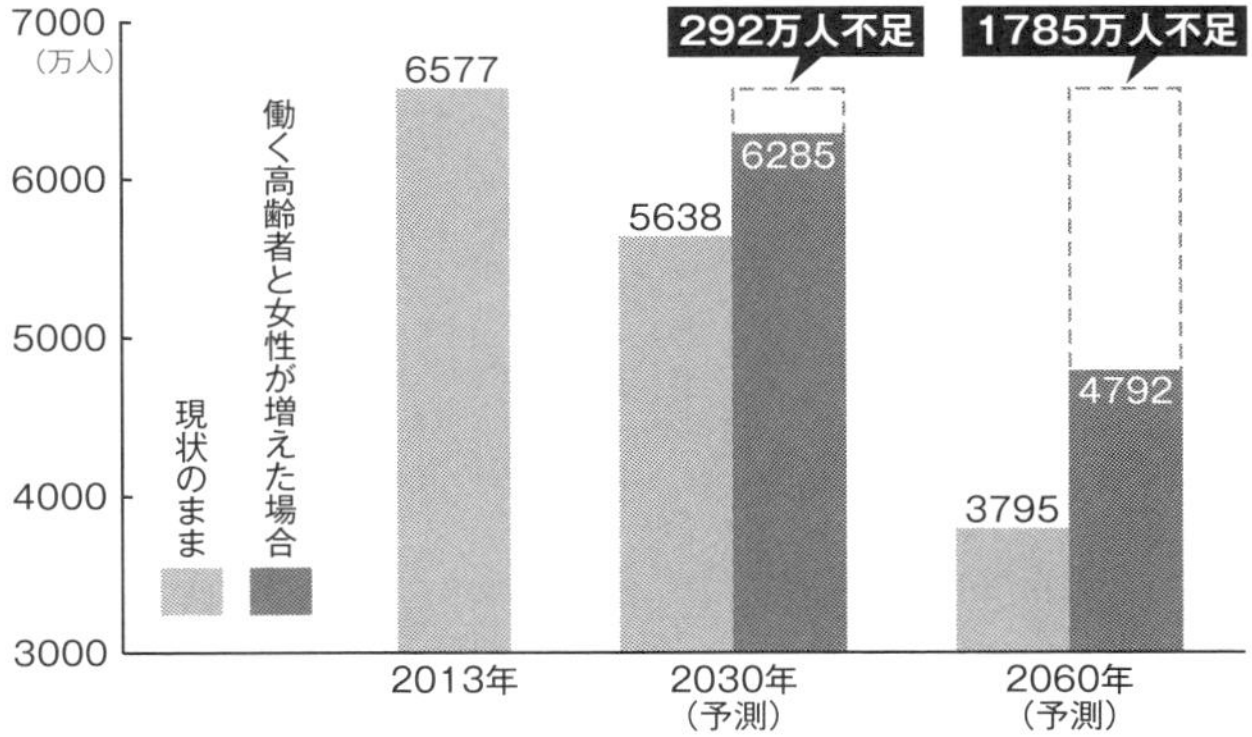

出所:総務省統計局「労働力調査」、日本経済新聞2014/9/27　©BBT総合研究所

しかも、高齢者と女性を活用していっても、2030年には約300万人不足、2060年には約1800万人も不足するという計算になる（図表10）。つまり、高齢者や女性を活用しても、この間の労働力不足をカバーできないのである。

となれば、選択肢は限られてくる。人口を増やすには、少子化を止めるべく、フランスやスウェーデンのように出産・育児への手厚い公的支援を実施し、かつ、戸籍制度を廃止してより自由な結婚・家族形態を認めていかなくてはならない。それができなければ、移民を大量に受け入れるしかない。

また経済縮小を食い止めるには、人口減少の著しい地方を活性化しなければならないが、国策で地方を再生した例は、世界的に見てもほとんどない。私はアメリカのUCLA（カリフォルニア大学ロサンゼルス校）で公共政策を教えているが、地域国家論というテーマを論じる中で、地方経済を反転させた例は一つもない。後で詳しく検証するが、ほとんどの国が取り組んでいるのは、地方ではなく都市の再生なのである。となれば、いま政府が進めている「地方創生」政策も、大きな成果は期待できず、むなしい結果に終わるだろう。

あとは、国全体で「成長しなくていい、そこそこの生活で満足する」という、いわば

〝1億総「低欲望社会」〟でしのぐという選択もあるが、それではますます税収が落ち込み、莫大な国家債務を抱える日本は、国債デフォルト(債務不履行)、ハイパーインフレになるリスクにさらされることになる。

日本と欧米先進国との大いなる差

OECD諸国の合計特殊出生率をまとめたのが、図表11である(2012年時点)。日本は一時期、1・26(2005年)まで落ちたが、少し回復して1・41となっている(2015年には1・46)。この数字がOECD平均並みの1・7であれば人口減少はもう少し緩やかになり、2・0以上であれば移民を受け入れなくても現在の人口を維持できる水準となる。

では、他の先進国では人口減少にどう対処しているのか。これは図表12を見ていただきたい。

濃い色が自然増減率で、薄い色が社会増減率、すなわち移民を表わしている。これを見ればわかるように、日本だけは移民をほとんど受け入れていないため、自然増がマイナス

図表11 日本の出生率は先進諸国の中でも下位にある

◆OECD諸国の合計特殊出生率（%、2012年）

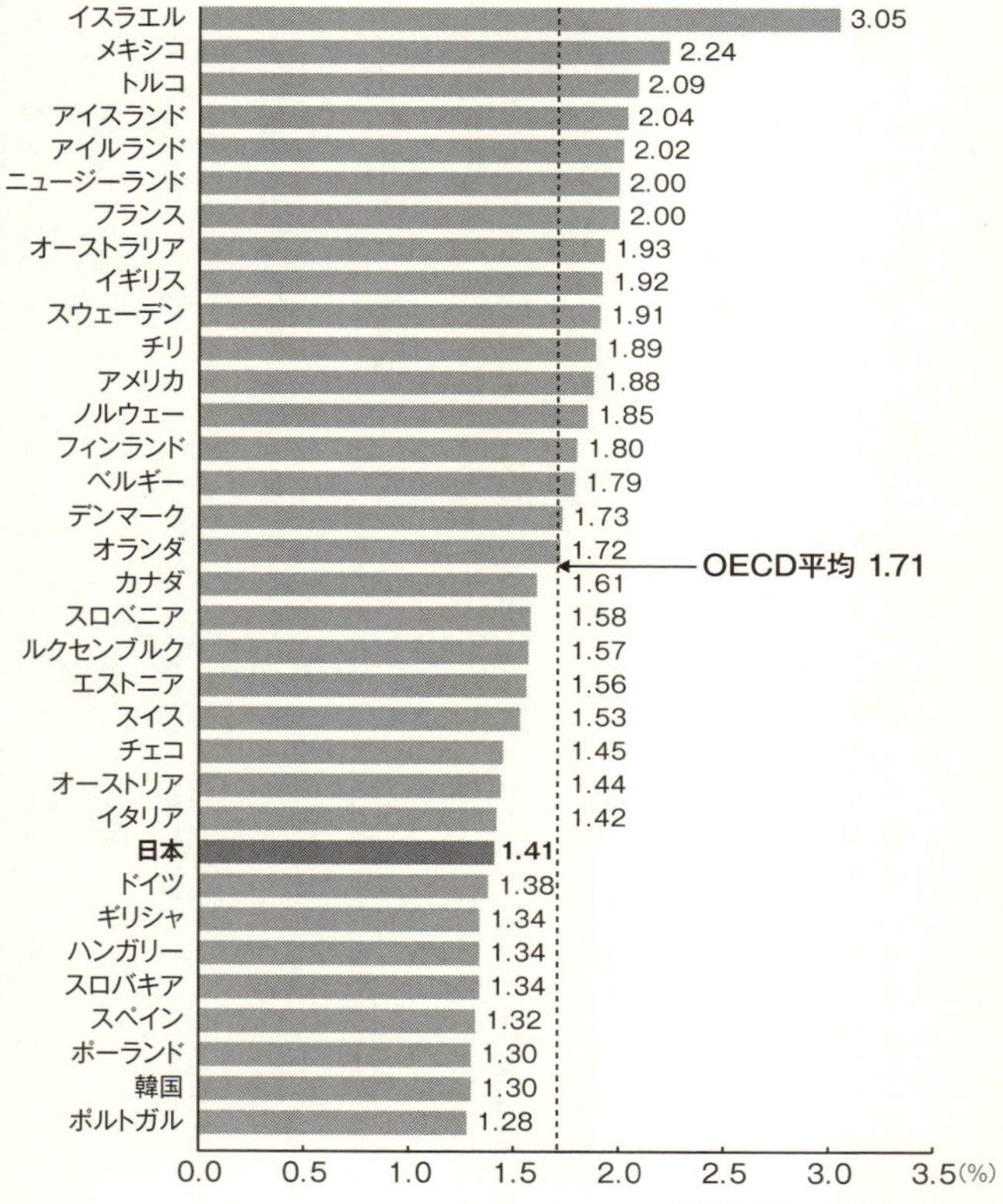

出所:OECD　©BBT総合研究所

図表12 日本を除く先進国は、人口を自然増や社会増で増やしている

◆主要国の人口増減率の推移

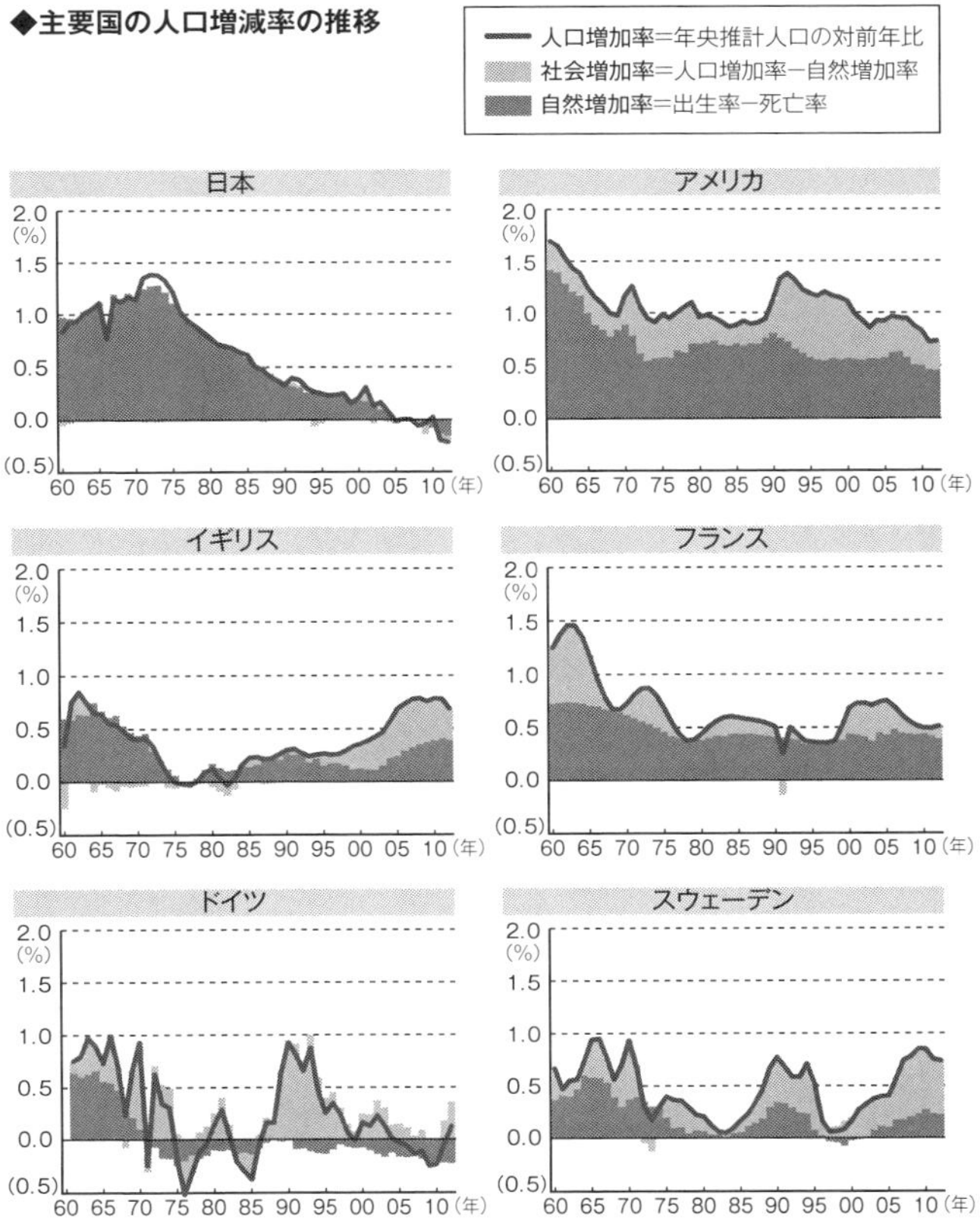

出所:World Databank「World Development Indicators」、総務省統計局「国勢調査」
©BBT総合研究所

に転じたことがわかる。一方、日本以外のアメリカ、イギリス、フランス、ドイツ、スウェーデンはすべて移民を受け入れており、それぞれに特徴がある。

アメリカの場合は、移民を毎年受け入れつつ、自然増も続いている。イギリスは最近になって移民を増やすと同時に、自然増にも力を入れ始めている。フランスは移民受け入れで様々な問題が起きていることから、その数に波があり、やはり自然増に力を入れていることがわかる。ドイツは、自然増減率がマイナスになっているため、最近はヨーロッパの他の国から移民を受け入れている。スウェーデンは同じく移民受け入れで維持してきたが、ここ数年は自然増の部分が急速に回復しつつある。

さらに次の表（図表13）を見れば、日本的な制度の特殊性がわかるだろう。これは、少子化問題に関連する各種の指標をまとめたものである。

ここから読み解けるのは、「日本では平均年齢を見ると、女性が結婚後約1年経ってから第1子を出産している計算になるのに対して、日本以外の国々ではいずれも結婚する前に子供を産んでいる計算になる」「婚外子の割合が日本は極端に少ないが、他の国では3人に1人、もしくは2人に1人は婚外子」という実態である。

図表13 欧米では事実婚やシングルマザーでも出産し、子育て支援も手厚い

◆少子化関連指標の国際比較

	日本	フランス	英国	スウェーデン	ドイツ	米国
女性の平均初婚年齢	29.2 (2012)	30.8 (2011)	31.8 (2009)	33.0 (2011)	30.2 (2011)	25.8*1
第1子出産時の母親の平均年齢	30.3 (2012)	28.6 (2006)	30.6 (2010)	29.0 (2011)	29.0 (2011)	25.1 (2005)
婚外子の割合 (2008年)	2.1%	52.6%	43.7%	54.7%	32.7%	40.6%
長時間労働者の割合 (週49時間以上) (2012年)	計22.7% 男性31.6% 女性10.6%	計11.6% 男性16.1% 女性6.5%	計12.0% 男性17.3% 女性5.8%	計7.6% 男性10.7% 女性4.2%	計11.2% 男性16.4% 女性5.0%	計16.4% 男性21.8% 女性10.2%
夫の家事・育児時間 (2008年)	1時間00分	2時間30分	2時間46分	3時間21分	3時間00分	3時間13分
家族関係政府支出の対GDP比 (2009年)*2	0.96%	3.20%	3.83%	3.76%	2.11%	0.70%

*1 アメリカのデータは2006年から2010年までの平均値
*2 支出のみの数値であり、税制による控除は含まれない

出所:選択する未来委員会「未来への選択」 ©BBT総合研究所

これは、日本では戸籍制度があるために、婚外子を認めない社会であることが背景にある。そのため、結婚する前に妊娠したとしても、堕胎するか、いわゆる「できちゃった婚」を選択する。その結果が、他の先進国との大きな差となって表われているのである。

また、男性が長時間労働に追われて、なかなか育児に参加しない実態も、数字に表われている。

さらに、家族関係の政府支出が対GDP比でどのぐらいになるかという数字を見ても、日本は0・96%と1%を切っており、3・83%のイギリスや3・78%のスウェーデンなど、欧州各国に比べて低水準になっている。

フランスは子供が多いほど家計にプラス

言い換えれば、欧米各国は国民に1人でも多く子供を産んでもらうために、制度を緩やかにしつつ、しっかりと予算を付けているということである。

とりわけ、フランスとスウェーデンは、日本が学ぶべき数々の家族・育児政策を実施している。たとえば、日本とフランスで主な育児給付と費用を比較してみると、図表14のよ

図表14 フランスでは子供の数が増えるほど、育児支援が手厚くなる

◆成人になるまでの主な育児給付と費用

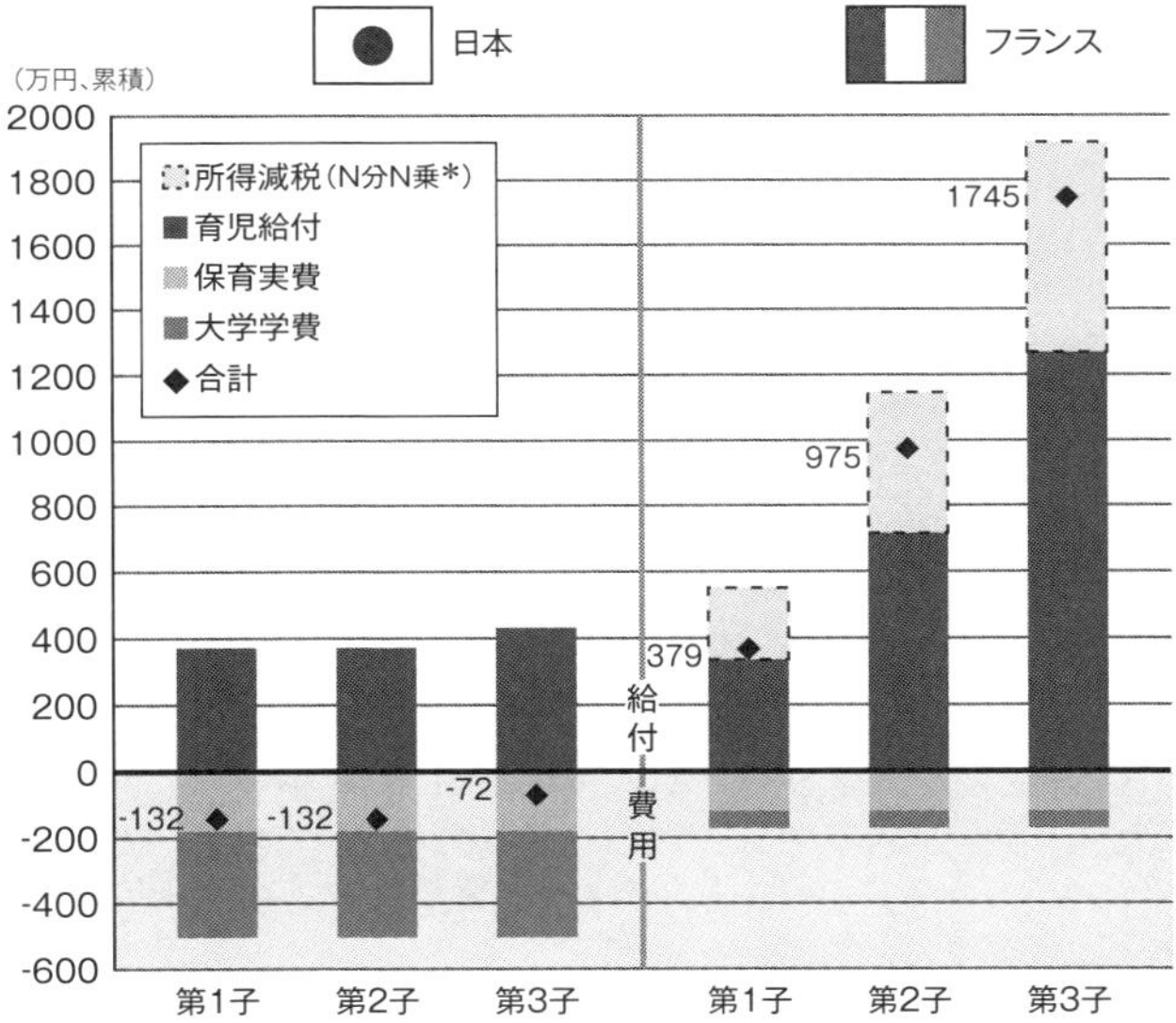

注）日仏間で大きな違いがある主な給付、出費を比較。小中高の教育費や学習塾などの費用は除く。成人になるまでの累計値。対象は2010年で、1ユーロ＝130円で換算

N分N乗*：子供の数が増えれば増えるほど軽減される所得税の課税方式。世帯の所得を一度家族人数（N）で割り、適用になる税率を算出、その後、改めて家族人数（N）を掛けて納税額を求める

うになる（日仏間で大きな違いがある主な給付・費用を比較したもの）。

日本では、保育実費と大学の学費だけで1人500万円ほどの費用がかかるのに対して、育児給付はそれをカバーできず、合計すると出費のほうが多くなる。第3子になると、育児給付が割り増しになるため若干改善されるが、それでも72万円のマイナスである。

かたやフランスでは、大学の学費がほぼ免除されるため、出費が大幅に抑えられる。しかも育児給付は第2子、第3子と子供の数が増えれば増えるほど相当な金額の給付が増加される上、いわゆる「N分のN乗」方式（※）によって子供の数が増えるに従って所得税が減税されていくため、仮に子供を3人育てると、合わせて1745万円も家計にプラスになる計算だ。
※「N分のN乗」方式／子供の数が増えれば増えるほど軽減される所得税の課税方式。世帯の所得をいったん家族の人数（N）で割り、適用になる税率を算出し、その後、改めて家族人数を掛けて納税額を決める。
つまり、フランスでは、子供を産むと得する、2人目を産んでまた得する、3人目を産

めばもっともっと得する――という制度になっているのだ。これが、合計特殊出生率2・0を支えているのである。

そもそもフランスでは、今から40年ほど前に親子関係上の婚外子の差別撤廃を実現しており、PACS（連帯市民協約）と呼ばれる制度を導入し、結婚していなくても長く一緒に暮らしたパートナーには、配偶者と同じ社会的権利が認められるようになっている。もちろん、出生・育児手当をはじめ、ベビーシッターなどを利用する際の保育手当や新学期手当など、手厚い子育て・家族支援がなされている。

また、スウェーデンでも、やはり40年近く前に婚外子の法的差別を撤廃し、夫婦別姓・同姓の選択の自由や離婚時の養育義務の分担なども法律で決めている。育児休業制度や育休中の所得補償、ファミリー保育所と呼ばれる個人家庭での保育制度なども充実している。

いずれにしても、2013年にようやく婚外子の相続差別が解消されただけで、今なお婚外子への社会的差別が残っている上、子育て支援のための新たな財源の確保さえ覚束ない日本とは大違いなのである。

戸籍制度こそ少子化対策の障害

少子化問題を考えるにあたって、大きな障害となっている戸籍制度だが、そもそもこの制度自体、今では意味がなくなっている。

戸籍がいかに意味がないかを示す好例は、自分の本籍地の場所を皇居にしている人が300人ほどいるという現実だ。同じく、富士山山頂を本籍としている人も300人程度いるという。本籍地をどこに移しても許されるのであれば、そんなものはなくても同じである。

昔は、「家」を基礎単位としており、本家と分家が明確に分かれて、その関係性や序列が重視されていたが、今は核家族化が進む中で多様な家族形態があり、結婚して家庭を持てばそこが登録すべき「家」＝本籍となる。それはすなわち住民票である。それと別個に、戸籍を登録する意味は全くない。

さらに、国は住基ネットをベースとして「マイナンバー制度」を導入したが、後述するように、住基ネットもマイナンバーもあまりに問題が多すぎて、税金のムダ遣いだ。私は

20年以上も前から、国民一人一人が生まれた瞬間から個人情報をすべてデータベース化して、国家が一括して管理・保護する「コモンデータベース」の構築を主張してきたが、マイナンバーはその発想とは似て非なるものである。実は、海外ではすでに私が構想したものと似たようなデータベース化が進んでいる。なかでもバルト3国の一つ、エストニアはまさに世界で最も進んだeガバメントを実現している。

それに対して、明治時代の制度そのままに維持されている戸籍は、つい最近までカタカナで書かれ、紙縒《こよ》りで綴《つづ》ることが前提になっていたため、データベース化もされていない。まさに前近代的な〝遺物〟である。

制度や国の政策がどれほど国民一人一人の生き方を規定するものか——それはまさに各国の婚外子の問題を見ればわかる。

フランスでは、法的に婚外子が認められるようになったために、1980年には11％強だった婚外子の割合が、現在では55％強に増えている。イギリスも同様に、80年に11％だったのが5割近くに、オランダなどはたった4％ほどだったのに45％ほどまで増加している。やはり、制度を作り、給付金を増やして、その結果として少子化に歯止めをかけているのである。

それらの国々に比して、未だに戸籍制度に固執したまま少子化対策に何も現実的な手立てを打てずにいる日本は、もはや世界遺産か特別天然記念物に指定してもよいのではないだろうか。

その上、戸籍に入れられない＝結婚できないから堕胎するというケースは表面化していないだけで、非常に多いと推測されている。この問題のほうが、社会的には極めて大きいと思う。

日本における移民はわずか1%

今後それらの制度的な改善が見られないまま出生率の上昇が見込めなければ、人口減少をカバーするために移民を受け入れるしかなくなる。

そこで図表15を見ていただきたい。これは、ＯＥＣＤ諸国の総人口に移民が占める割合を示したものである。

ルクセンブルクが突出して42％、続いてスイス、オーストラリア、イスラエル、ニュー

図表15 日本の移民受け入れ状況は先進国の中でも最低レベル

◆OECD諸国の移民人口比率（2011年）

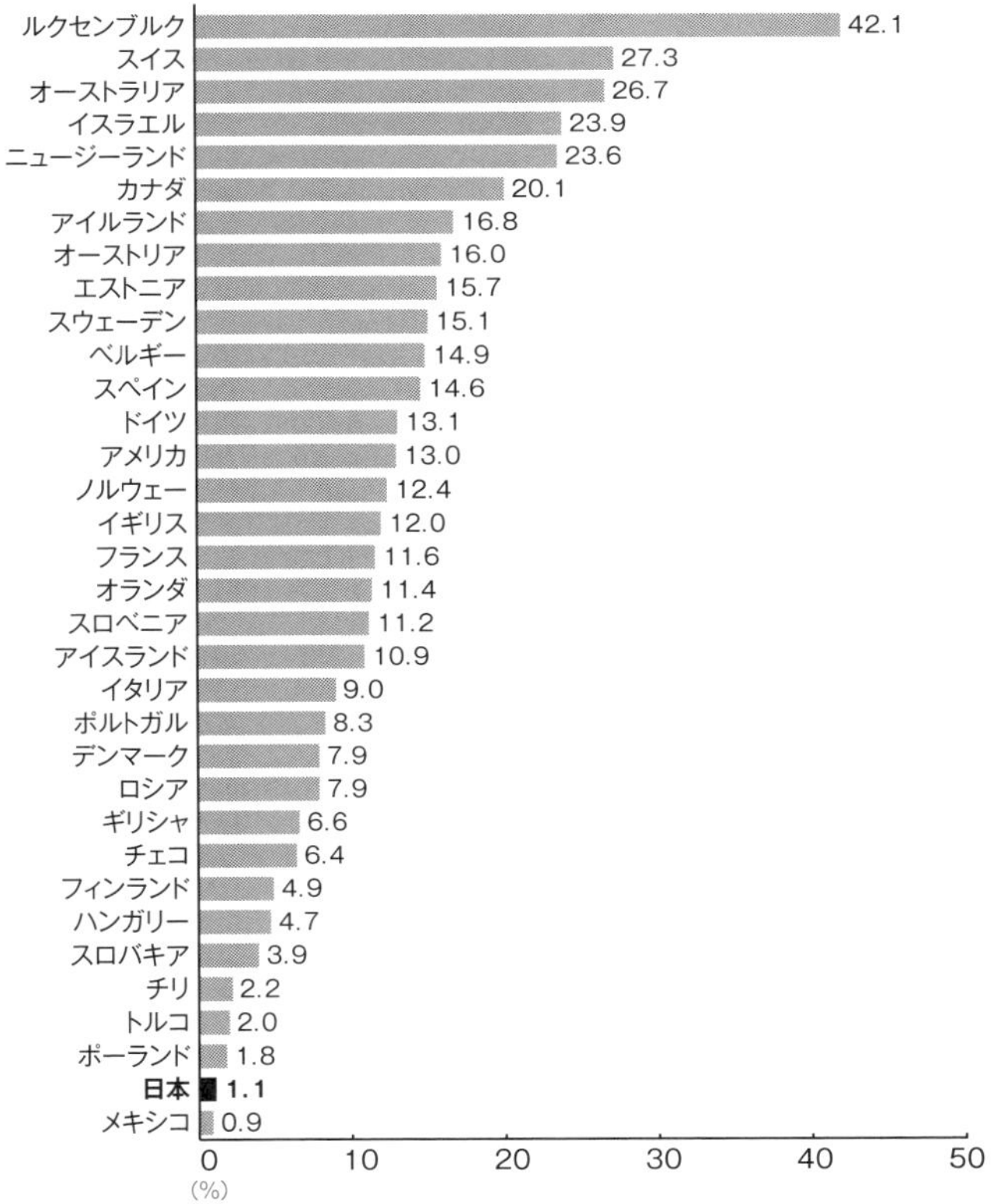

出所:OECD「OECD International Migration Outlook 2013」 ©BBT総合研究所

ジーランド、カナダなどが20％台となっている。日本はわずか1・1％で、最低レベルだ。

論理的に考えれば、少子化が進み、人口減少が避けられないなら、国力を維持するためには移民を受け入れるしかない。にもかかわらず、移民を受け入れない。国の借金が増える一方で、返す人が減るのだから確実に日本の財政は破綻する。それも嫌だと言うのなら、税金をとんでもなく高くして、その税収で政府債務を減らし、今後いっさい借金をしない国になるしかない。

移民を積極的に受け入れている国の中で参考にすべきは、シンガポールである（図表16）。シンガポールでは、外国人比率が20％を超えて30％に近づきつつある。

その特徴は、高度な技術や能力を持った高度外国人材を積極的に受け入れ、2010年段階では17・5万人にも上っていることだ。また、労働集約型では、住み込みのフィリピン人メイドが28万人にも達していることだろう。このフィリピン人メイドの存在は大きく、独特のシンガポール訛《なま》りの英語（シングリッシュ）を話し、何事も損か得かで考えがちなシンガポール人の親よりも、正しい英語ができて信心深いフィリピン人メイドに子供を育ててもらったほうが、教育上もメリットが多いという意見が多い。また、それによって、

図表16 シンガポールは移民受け入れによって人口を増加させている

◆シンガポールの人口推移

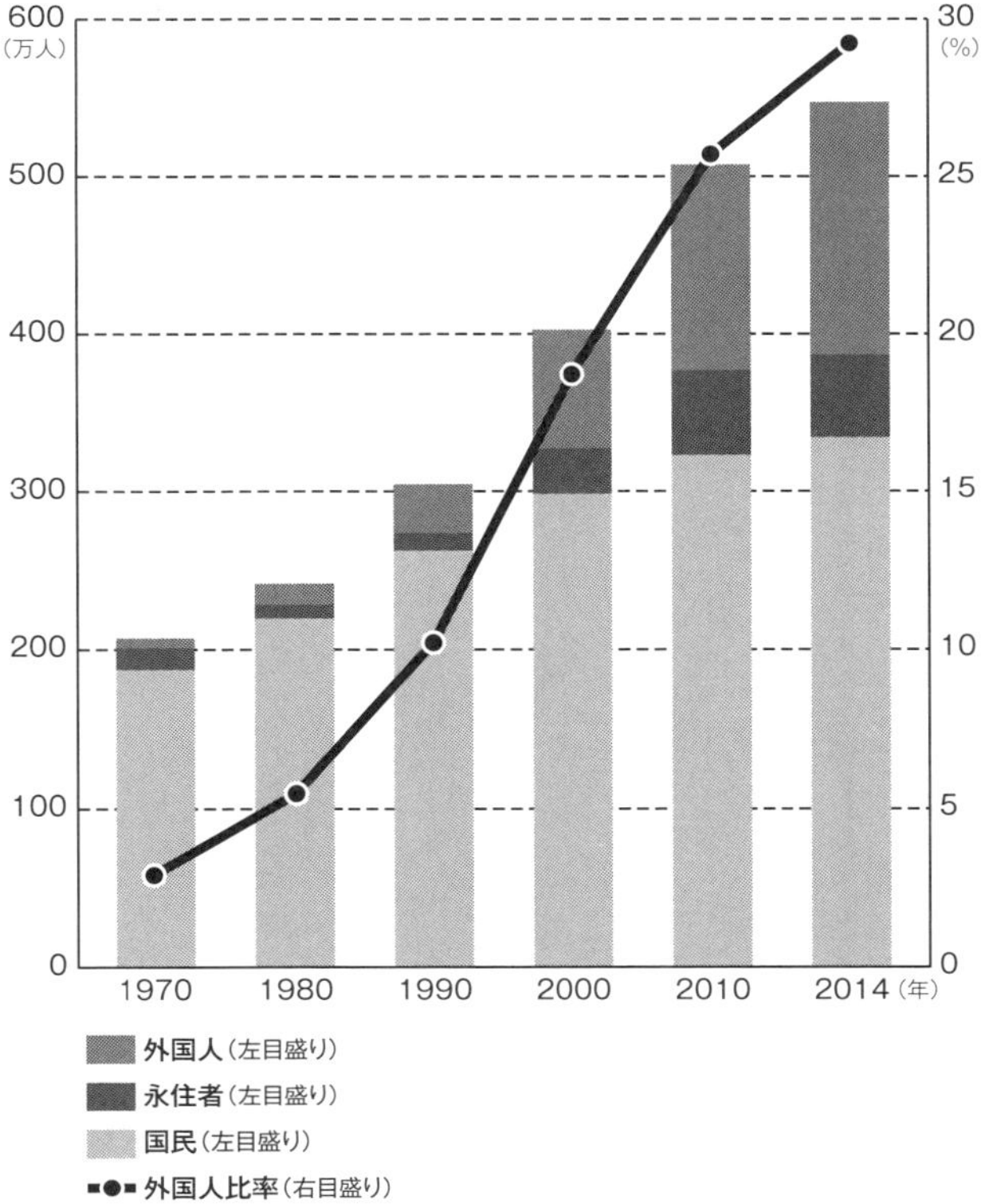

シンガポール人女性が働きに出られるようになり、女性活用の一助になっている。

一方、移民大国アメリカも、ほぼ年間100万人の移民を受け入れている。アメリカの持続的成長は、こうした移民による人口増と高度人材の集中によって支えられている。そのほかに相当数の不法移民がいるし、留学生の数もアメリカが世界一で、世界の留学生の16・4%はアメリカへの留学生が占めている。

移民は「人手不足の緩衝材」ではない

それに対して日本は3・3%、その大半が中国からの留学生だ。しかし、中国人が海外に留学する場合、最も優秀な人材はアメリカへ行き、次がイギリス、オーストラリア、そして日本という順番になっている。

また、在留外国人も、景気が悪くなると本国に帰らざるを得なくなる。現在、日本が受け入れている移民は、単に人手不足のバッファー（緩衝材）として使っているだけで、長期的な視野では何も考えていない。

たとえば、イギリスなどの場合は移民を5段階に分け、優秀な人材は定住が可能になるような制度を整備している。だが、日本にはそうした制度もない。したがって、足りなくなると、アドホック（臨時）に入れて、雇用が余ってくると、返してしまう。かつてブラジルから多数の日系人を受け入れたが、継続的に雇用する制度を整えないまま、景気が悪くなったらお払い箱にしてしまった。

今は、世界からいかに優秀な人材を集めてくるかの競争になっている。しかし、現状の日本では移民を受け入れる体制ができていないため、いつまで経っても人材は集まってこない。

私は以前、『新・大前研一レポート』で、次のように国籍法を提唱した。

「夫婦どちらかが日本国籍を有する場合、その子供には日本国籍を与える」

「夫婦が共に外国籍の場合も、子供が日本で生まれ、または日本で義務教育を修了した場合には日本国籍を与える」

「日本に移民をしてきた外国人に2年間、日本の言葉、文化、法律、社会常識などの教育を無料で提供し、修了した者には永住権（米国でのグリーンカードに相当）を与える」

移民政策の具体的なやり方については、第3章で改めて解説するが、私はこうしたことを20年以上も前から主張している。しかし、日本政府は何もやろうとしていない。

社会が変わらなければ、人口動態が示す通りの未来がやってくる。突然起きるのではない。これらは、ずっと前からわかっていることなのだ。

政府が戸籍制度を廃止して、コモンデータベースを構築しない限り、子供が増えることはない。しかもそれらは制度ができてから成果が表われるまで20年もかかるから、すぐにも取り組まなくてはいけない。また、対症療法ではなく、長期的政策として移民受け入れ体制を整えなくてはならない。

10年前の分析がそのまま現実に

「低欲望社会」を象徴するのは、先に述べた「フラット35」の例のように「超」がつく低金利にも飛びつかない20代・30代の若手・中堅世代だ。だが、それは今に始まったことではない。この問題についても、私は10年ほど前から再三、指摘してきた。

たとえば、2004年からの連載をまとめた『サラリーマン「再起動」マニュアル』（08年／小学館）では、彼らを「物欲・出世欲喪失」「ミニマムライフ」世代と呼んで、分析している。

当時私が驚いたのは、彼らはそれ以前の日本の若者とは振る舞いが全く異なり、「モノを所有する」ということに対して、ほとんど欲がないということだった。また、物欲だけでなく、「出世欲」も薄くなっていた。すでに当時の調査で、新入社員で社長までなりたいと思う人は10％前後と少なかった。私は彼らを〝物欲・出世欲喪失世代〟と位置付け、「世の中とつながるライフラインは携帯電話だけ。友達とのネットワーク＝携帯電話で、様々な情報も携帯電話のインターネットで入手し、テレビも携帯電話のワンセグで見ている」世代だと特徴づけた。そうした現象は、同じ成熟国家であっても欧米諸国では全く起きておらず、日本独特の現象だった。

その上で、同書ではその背景の一つとしてコンビニ文化の拡大を論じた。

〈〝物欲・出世欲喪失世代〟という、これまでに見たことのないセグメントの出現は、日本の消費という面から見ると非常に困る。彼らが新大陸時代の経済の担い手でなくなった可能性があるからだ。

従来の日本人と全く価値観の異なる〝物欲・出世欲喪失世代〟の出現は、実はコンビニエンスストアの普及と密接な関係があるのではないか、と私はみている。

コンビニは1日500円で何とかなる社会を作り出した。つまり、1日1食か2食を、おにぎりやパンも含めたコンビニ弁当で済ませれば、500円玉1枚あったら生きていけるのだ。フリーターやニートには、定職に就いている人のようなきちんとした時間の概念や朝・昼・晩のリズムがなく、空腹になった時にコンビニで安い弁当を買って食べるという生活をしている人が多い。そうすると、多めに見積もっても1日の食費は1人1000円あれば事足りる。(中略)要するに、現在の日本は全国津々浦々にはびこった〝コンビニ文化〟のおかげで(特殊なケースを除いて)飢え死にする危険性がなくなったのである。〉

バブルを謳歌した親が「反面教師」

そして、こうした傾向が加速していった先にある消費経済的な低迷と、ビジネスモデル転換の必要性を論じた。その危機感は、おおむね当たっていたと思う。

すなわち、路頭に迷っても生きていけるような〝生存の条件〟が低くなった社会においては、ファッション、クルマ、住宅などに対する物欲や所有欲がないと、人々の生産活動に〝駆動力〟が生まれなくなる。それは自然界を見てもわかることで、餌が豊富な環境に棲息している野生生物は、自分が受動的であっても生きていけるから怠惰だが、餌が乏しい環境に棲息している野生生物は、自ら能動的に動かないと生き残っていけないから勤勉になる。それと同じように、1日1000円あれば生きていける社会の中で育ってきた日本の若者たちは、あえて自分に強い上昇志向がない限り、「低欲望」になってしまう。それは仕方がないことなのかもしれないと考えた。

また、彼らが「低欲望」になった背景には、親たちが「反面教師」になっている面もあるのではないか、ということも当時から指摘していた。つまり、ちょうどバブルを謳歌していた彼らの親の世代は、物欲や所有欲、出世欲を満たすためにガツガツと働いていて、ある意味「えげつない存在」として彼らの目に映っていたのではないか。しかも、親たちは表面的には派手な生活をしているように見えて、結局は住宅ローンの返済に追われ、現実にはあまりハッピーそうではないのである。楽しそうな夫婦の会話もほとんどない。仕事一本やりの父親は、出世競争に明け暮れて、家庭を顧みようともしない。自分はああはなりたくない。あくせく働かずにのんびり生きよう――そんな潜在意識があるのかもしれないと分析していた。

かくして、「低欲望」になった若者たちの登場は、企業にとって深刻な影響をもたらす。

その上で、私がさらに問題としたのは、これがバブル崩壊後の一過性の現象ではなく、彼らの後に続く世代もまた似たような価値観を持っている可能性が高い、ということだった。この先、日本企業は彼らの意識と行動をしっかりと分析して、彼らの価値観を的確に把握し、それに合わせてマーケティング戦略、商品戦略、販売戦略を、いやビジネスモデルそのものをゼロから練り直す必要があるだろう、と警鐘を鳴らした。しかし、結果的にこうした変化に対応できた企業は少なかったのではないかと思う。

「高齢出産」「できちゃった婚」も増える

この『サラリーマン「再起動」マニュアル』を書いた時点で20代だった彼ら「物欲・出世欲喪失世代」は、今では30代半ばにさしかかっている。彼らと、彼らより10歳以上も年上のいわゆるバブル世代とは、メンタリティが大きく違う。さらに男女関係の意識変化も分析していたが、その傾向は大きくは変わっていないと思う。

〈いま20代前半の「ミニマムライフ世代」に比べると、10歳上の30代前半の世代は人種が異なるのではないかと思うほど物欲も出世欲も旺盛だ。なぜ、同じ日本人で10年間にこれほどメンタリティや価値観が大きく違ってしまったのか？

私の分析では、20代前半の世代はバブル経済崩壊後の「失われた10年」という日本に暗いニュースばかりがあふれた時代に多感な10代を過ごしている。一方、30代前半の世代が10代を過ごしたのは、ほぼバブル経済の最中だ。この差が二つの世代のメンタリティや価値観の相違に大きく影響しているのではないか。つまり、いま20代前半の世代には、将来はバラ色ではない、いざという時のために備えなければ、という「すり込み」があるのだと思う。それ以外に説明のつく要因が見当たらないのである。

日本の若者には、もう一つ大きな問題がある。「男女間格差」の問題である。最近の20代後半の男女は昔に比べると未婚者が非常に多いが、我々の時代は20代後半で結婚するのが普通だった。相手を好きになったら貧乏でも結婚した。女のほうも男が貧乏なのは当たり前だった。お金がなくても「したくなったらする」のが結婚というものだった。家庭は最低ラインからスタートして、2人で徐々に築き上げていくものだった。

ところが、今は結婚するか否かの決定権を女が握っていて、女たちは貧乏な男とは結婚しない。男のほうもそれがわかっているから、懸命に倹約して貯蓄をして結婚の準備をする。その準備が整うまで待っていると婚期が遅れる。私が調べたところ、男が結婚する年齢は収入との関数になっている。現在、男の平均結婚年齢は34歳だが、所得の高い人ほど早く、所得の低い人ほど遅くなっている。貧乏な男は女に結婚してもらえないのである。〉

結局、女性たちにしてみれば、親の生活レベルがスタンダードとなるのだ。親の家に住んでいれば、食事も買い物も自分の好きなようにできるから、貧乏な男と狭いアパートに住んで生活レベルを落とすのは真っ平御免――そんなメンタリティなのである。

そして、独身の女性たちがそういう基準を作ったから、対する男性のほうも貧乏なうちはプロポーズできなくなり、とりあえずはせっせと貯蓄に励んで、生活インフラを整えるしかなくなった。また、長く続いた就職氷河期や非正規雇用の拡大によって、男性でもパラサイトシングル（社会人になっても親と同居し、基礎的生活条件を親に依存している未婚者）が増え、ますます家の中に籠もるようになっていった。

そうして、正式に結婚に至るまでの準備がなかなか整わない一方で、結婚願望や家庭をもつことを求めるニーズは当然ある。その結果、婚期が遅れたり高齢出産が増えたりすると同時に、前述した戸籍制度の縛りもあって、堕胎や「できちゃった婚」を選択するカップルが多くなっていく。これらの傾向は、10年前からわかっていたことなのである。

だが、その時点で、今後取り組むべきだとした課題は、ほとんど放置されたままである。これでは、ますますこの国が低欲望社会の泥沼にはまるのは当然だろう。

日本の若者に広がる「プア充」

いま日本の若者の間では新たに「プア充」なるものが話題になっているという。お金や出世のためにあくせく働くのではなく、収入が低いからこそ心豊かに生きられるという考え方である。だが、それと似た傾向があった海外の国々では、いずれも長続きしていない。

たとえば、1980年代のスウェーデンは高度福祉社会になった引き換えに国民負担率が80%近くまで上昇した。経済は91年から3年連続で実質マイナス成長を記録。重税に喘ぐ国民は「こんな小さな国で頑張ってもしょうがない」「カネはなくてもグッドライフは手に入れられる」と諦観し、当時、モーレツに働いていた日本人に対しては「あくせくしすぎ」「あのような国にはなりたくない」と冷ややかな見方をしていた。「軍隊も皆と同じように8月はバケーションを取るべきだ」という議論まで出てきたほどである。隣国デンマークも同様の状況だった。

1970年代までのイギリスも、よく似た状況に陥った。「揺りかごから墓場まで」の高福祉国家になって社会が活力を失い、基幹産業を国有化した結果、国際競争力がなくなって斜陽の老大国となり、1人あたり国民所得が年々減少していった。大志ある若者はアメリカに渡って勝負するようになった。いわゆる「イギリス病」である。

しかし、それらの国の「プア充時代」は、長くは続かなかった。国全体に「プア充でいい」という雰囲気が蔓延《まんえん》したら、その国は沈没してしまう。そのため、いずれの国でも現役世代を支援し、働く意欲を引き出す政策に取り組んだからだ。

北欧はなぜ生まれ変わったのか

スウェーデンやデンマークでは、いくら働いても税金が高くて手取り収入が増えないため、若い人たちが将来に希望を持てなくなった。その結果、彼らはデカダンス（退廃的）に陥って、今の日本で言うプア充を志向し、アグレッシブな人間が少なくなって社会が澱《よど》んだ。

とくにスウェーデンは法人税率も所得税率も高かったため、有力企業や富裕層が続々と海外に逃避した。

食品加工処理と紙容器充填包装システムのグローバル企業テトラパック・グループは1981年に、重電のアセア（現ＡＢＢ）はスイスのブラウン・ボベリとの合併を機に88年に、ともにスイスへ本社を移した。ノーベル賞を生んだアルフレッド・ノーベルが興した化学会社ノーベル（現アクゾノーベル）も94年に、オランダのアクゾとの合併に伴いオランダに本社を移転した。個人ではテニス選手のビョルン・ボルグがモナコに国籍を移した（現在はスウェーデンに戻している）のをはじめ、「ヨーロッパで№1の資産家」と言われるＩＫＥＡ創業者のイングバル・カンプラード氏など大勢の金持ちが重い租税負担に耐えかねて祖国を捨てて出て行った。

国民の社会負担が重くなりすぎて前に進めなくなってしまったスウェーデンは、大きな変革をしなければ福祉どころではなく国全体が危うくなる状況に陥った。そこで90年代から、法人税や所得税の税率を大幅に引き下げたり、グローバル人材の育成を目指してリーダーシップ教育に注力したり、国際競争力を回復するために様々な改革を断行した。

さらに、年金で生活している高齢者と、その負担を背負わされる若い人たちの間で世代間葛藤が起こったため、ドラスティックな年金改革にも踏み切った。

スキルを向上しなければ路頭に迷う社会

かつてスウェーデンの年金給付額の算定方式は、あらかじめ受給する年金給付額を決め、それに合わせて後から現役世代の負担を調整する「給付建て（確定給付型）」だった。

今の日本もそうだが、これでは、現役世代は年金保険料を払いたくなくなる。「今の高齢者のために重税を背負わされている」という感覚が強くなるためだ。

そこで、現役世代が将来もらう金額は「掛け金建て」（確定拠出型）に基づいて計算する方式（みなし掛け金建てと呼ばれる）に切り替えた。この制度なら、自分が負担した保険料は自らの老後に直結する。それによってスウェーデンは若者の年金離れを食い止めることに成功したのである。このほか、医療分野などで福祉削減も断行した。

雇用については、企業の競争力を強くするため、雇用を守らせる政策から、不要な人は簡単にクビにできる政策に大転換した。その代わり、クビになった人たちを国がトレーニングして再就職できるようにする仕組みを構築した。

逆に言うと、スウェーデンは「プア充でいい」という人も、スキル不足で企業に必要とされなくなったら解雇され、トレーニングを受けてスキルを向上しなければ路頭に迷う社会、すなわち制度的にプア充では生きていけない社会に転換したのである。日本のように、スキルを磨かなくても会社にしがみついていれば食べていけるような環境ではなくなったのだ。そうした改革を確認して、ようやくIKEAのイングバル・カンプラード氏も2013年、スウェーデンに戻った。

イギリスの状況は少し違う。80年代にサッチャーが規制撤廃を断行して国営企業を民営化し、グローバル競争の中で生き残っていけない企業は外国企業に売ることもやむなしという資本主義の原点に戻した。そこから先のイギリスは勝ち組の富裕層と負け組の低所得層に二極化し、プアは「充」のない〝単なるプア〟になった。だから、サッチャーは死してなお低所得層から憎まれているわけで、この〝単なるプア〟は現在のイギリスにとって大きな社会不安要因となっている。

日本人みんなが「プア充」に？

翻《ひるがえ》って日本の現状を見ると、バブル崩壊後の「失われた20年」の停滞によって、いくら努力しても昇進・昇給はなく、よしんば昇進したところで忙しくなるだけという状況になった。だから、個人的なライフスタイルとしてプア充を選択する人を否定はできない。

すでに日本はこの10年余りで手取り年収がどの所得階層も約100万円ずつ減ってしまった。それでもデモや暴動は起きていないのだから、みんな多かれ少なかれ「プア充時代」に納得しているのかもしれない。

しかし、多くの人が「プア充でいい」と考える社会は活力を失う。なぜなら、プア充が増えれば、当然のことながら付加価値を生み出す人が少なくなるからである。

しかも、プア充は税金をあまり納めてくれない人々なので、社会的には負担となるばかりだ。国家に蓄えがあるうちは彼らも何とか生きていけるかもしれないが、蓄えがなくなったらプア充だらけの国家は立ち行かなくなるだろう。もし今のレベルの行政サービスを守ろうとして、税を負担できる大企業や富裕層の税率を上げれば、スウェーデンのように皆、海外に逃避してしまうからである。つまり、プア充が幸せに暮らせるのは、ほんの一時期なのだ。

したがって、日本の「プア充時代」も長くは続かないだろう。おそらくスウェーデンやデンマーク、イギリスよりも短く、せいぜい数年間で終わると思う。社会を維持するコストを負担するのは勤労者だけなのに、負担する気のない〝ぶら下がり〟の国民が増えていくという現象が長続きするわけはないのである。

では、これから日本はどうなっていくのか。スウェーデンのように大胆な改革ができるのか？　はたまたイギリスのサッチャーのように強力なリーダーシップで変わることができるのか？

残念ながら今の日本には、両方とも期待できない。最も現実的な日本の未来は、スペインやポルトガルのようにずるずると没落し、国全体が夕張化、デトロイト化する姿だ。それは、今の経済政策が全く解決策を提示できていないからである。

次章では、アベノミクスのどこが間違っているかを、より詳しく検証したい。

第2章〈政府の限界〉

「アベノミクス・ショック」に備えよ

すでに政策は出し尽くした感がある

前章で見てきたように、日本は人口減少と低欲望社会の出現という未曽有の事態に直面している。にもかかわらず、日本政府はその現実に有効な手を打てていない。それどころか、かえって事態を深刻化させるような経済政策──アベノミクス──をとり続けている。

2012年12月の衆議院選挙に続き、13年7月の参議院選挙に圧勝して「衆参ねじれ」を解消した安倍晋三政権は、さらに14年末の〝アベノミクス選挙〟での勝利によって、18年まで続く長期化も予想されている。

しかし現実には、安倍政権に対する逆風がますます高まると私はみている。なぜなら、安倍首相は政権運営の〝初速〟にこだわり、手持ちの政策メニューを早々と出し尽くしてしまった感があるからである。すなわち「異次元の金融緩和」「機動的な財政出動」「民間投資を喚起する成長戦略」というアベノミクス「3本の矢」、そして「憲法改正」だ。

憲法改正については首相自身、「歴史的使命」と語っているが、逆にそれ以外の政策への問題意識は見えてこない。この先、新しい政策を絞り出したとしても、おそらく小粒なものしか出てこないだろう。

しかも「3本の矢」は、ことごとく失敗する可能性が高い。少なくとも最初の2本は、これからますますマイナス効果のほうが出てくる。

「第1の矢」はチキンゲーム状態

まず第1の矢の「異次元の金融緩和」は、出口戦略が見えない上に、日本銀行の内部崩壊リスクを高めている。日銀は13年4月に毎月7兆円程度の長期国債を市場から購入して金利を押し下げる方針を決め、それ以降、金融機関からせっせと国債を買いまくった。日銀が国債買い入れオペの実施を通知すると、入札では買い入れ総額をかなり上回る応募が続いた。その結果、3メガバンクの国債保有残高は大幅に減少した。バブル崩壊後、政府の求めに応じて金融機関が仕方なく背負ってきた国債という重い荷物を、大喜びで次々と日銀に売りつけているのだ。

だが、かねてから繰り返し指摘してきたように、日本国債はGDP（国内総生産）の

2・3倍以上も発行されている、ある意味世界で最もリスクの高い国債だ。これからいっそう少子化・高齢化が進む日本にとって、返せるはずのない莫大な借金である。

通常、中央銀行が国債を買い入れる場合は残存期間が5年以内のものを買う。短期間に償還されていくので、保有リスクが低いからだ。ところが、いま日銀はあらゆる残存期間の国債を買い入れている。今後予想される国債暴落のリスクを日銀がどんどん背負い始めているわけである。ここからは、国債暴落（＝日銀の破綻）が先か、経済が劇的に回復して現在の「異次元緩和」を終えられるのが先かというチキンゲームになるが、後者のようにハッピーエンドを迎えられる可能性は非常に低い。

「第2の矢」経済対策20兆円の効果は？

第2の矢の「機動的な財政出動」は、これ以上は無理だ。もう日本に振れる袖《そで》はない。安倍内閣は「2015年度に赤字国債半減、2020年度までにプライマリーバランス黒字化」という歴代内閣の目標を踏襲すると表明している。すなわち「財政規律の維持」である。しかしそれを守るなら、財政出動する枠はなくなる。安倍首相は限られた予算の

図表17 再びマイナス成長となった日本経済

◆繰り返される「緊急」経済対策と実質GDP成長率の推移

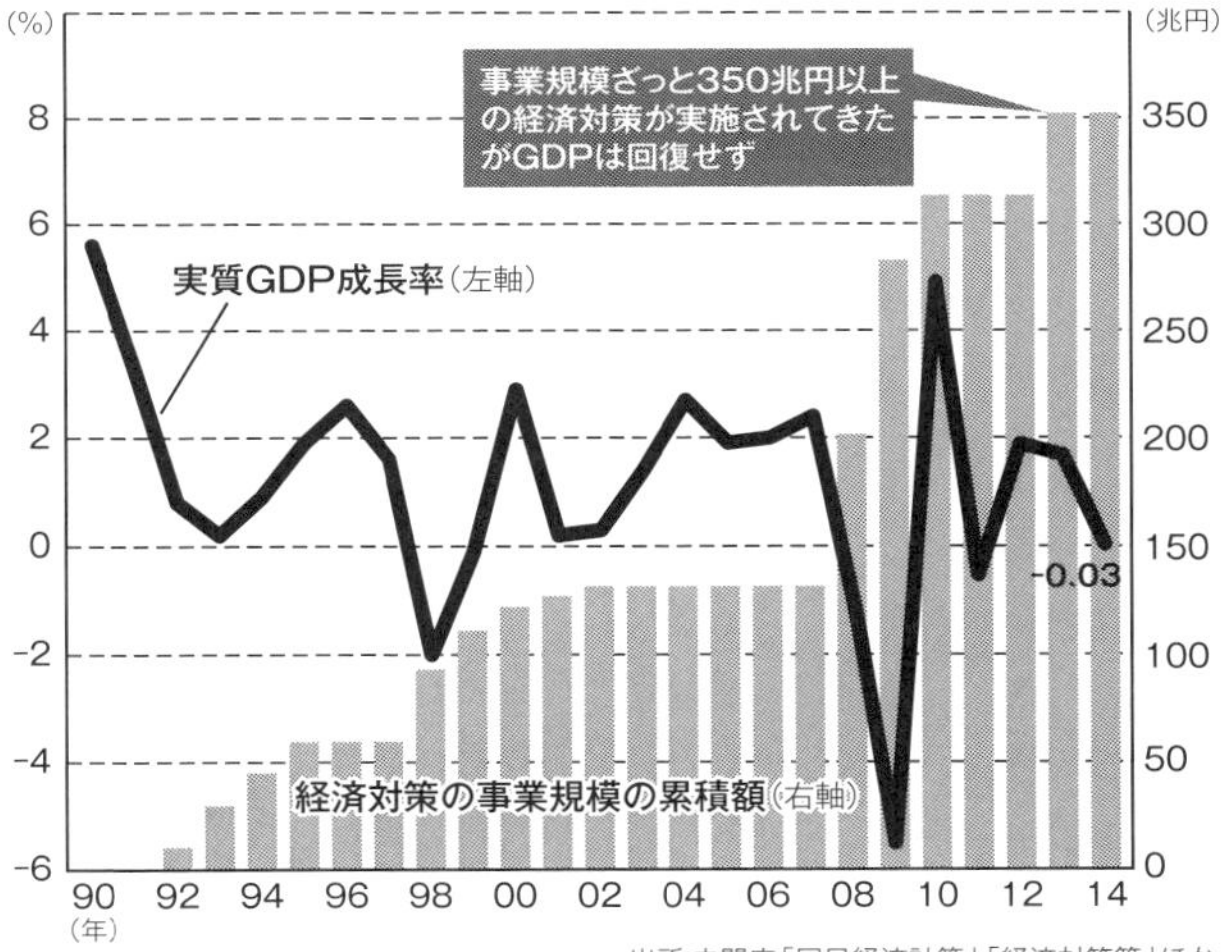

出所:内閣府「国民経済計算」「経済対策等」ほか

中で優先順位をつけて変えていくと言っているが、政治家にそんなことができたら、とっくに無駄遣いはなくなっているはずだ。予算は「票が取れるところ」につけ続けるに決まっている。

安倍政権は14年4月から、特例で現在1割となっている70～74歳の医療費窓口負担を2割に戻したりしているが、そんな小手先の微調整では、財政破綻は回避できない。

財政規律を維持して国債暴落を回避するためには、消費税を予定通り8％から10％へと引き上げるしかなかった。それどころか近い将来、20％以上にアップする必要もあるだろう。内閣府の試算では税率を10％にしたとしても、２０２０年までにプライマリーバランス黒字化を達成することはできないとされているのだ。

ところが、安倍ブレーンの学者たちは「景気の腰折れを避ける」ため、毎年1％ずつ尺取虫のように引き上げるとか、景気が完全に回復するまで待ってから引き上げるなどと言い始め、ついに安倍首相は15年10月に予定されていた引き上げを17年春まで延期することを決めて、「この道しかない！」と総選挙で押し切ってしまった。しかし、これは単に問題を先送りしたにすぎず、重いツケを後に残してしまっている。その上、16年夏の参院選を前に、消費税増税の再延期に踏み切ったのだった。

12年度に補正予算などで捻出した10兆円以上の財政出動は、その効果もとっくに切れて、まるで何事もなかったかのような状態である。13年度には5・5兆円、さらに14年度は3・5兆円の補正予算を組んで経済対策に充てている。この3年間で20兆円ほどの税金が注ぎ込まれたわけだが、やはりその景気浮揚効果には大いに疑問が残る（図表17）。

一つも成長につながらない「第3の矢」

第3の矢の「民間投資を喚起する成長戦略」に至っては、今のところ一つも成長につながるものはないと言っても過言ではない。たとえば、安倍首相自身がしきりに強調する「医薬品のネット販売」は、それで市場が大幅に拡大して医薬品が2倍売れるようになるわけではない。単にドラッグストアの店舗とネット上のバーチャル店舗が既存の限られたパイを奪い合うだけである。

「大都市圏での建物の容積率の緩和」も理解できない。

容積率や建蔽率の緩和は、以前から私が最も効果的な景気刺激策として提唱してきたことだが、いま出てきているアイデアは「大都市の国家戦略特区」で高速道路の上の空中権を両サイドに譲渡し、そのエリアの建物の容積率を増大させるというものだ。それにより高層建築を供給しやすくして、外国企業の入居スペースやビジネスマンの住居を整備し、働きやすい環境を整えるという触れ込みである。しかし、本気で規制緩和するつもりがあるなら、そんな面倒な条件をつけず容積率を全面的に緩和すればよい。政府の本気度は推して知るべしだろう。

結局、安倍首相の〝賞味期限〟は、すでに切れてしまったと私はみている。これから先は残念ながら、3本の矢がことごとく的を外れ、日本が失速する兆候が日増しに強まっていくだろう（図表18）。

経済の本質をわかっていない安倍首相

前述したように、安倍首相は「異次元の金融緩和」「機動的な財政政策」「民間投資を喚起する成長戦略」という「3本の矢」で経済が成長すると繰り返してきたわけだが、実体経済の悪さは国民が肌で感じている。私も、「プロローグ」で紹介した長野県の駐車場経営者が料金精算機に入っている金種から見て景気は非常に悪いと判断しているという話や、自分自身がガソリンスタンドで「満タン」と告げたら従業員に「最近は10リットルとか1000円分といった単位で給油するお客さんばかりなので……」と驚かれた経験などから、安倍首相やそのお先棒を担ぐエコノミストたちの勘違いを当初から何度も指摘してきた。

とりわけ、アベノミクスを主導してきた安倍首相の経済政策ブレーンで内閣官房参与の

図表18 アベノミクスの狙いはことごとく外れている

アベノミクス「三本の矢」	主な政策内容	アベノミクス「三本の矢」の問題点
第1の矢 大胆な金融政策	・金融緩和 ・インフレ目標	・緩和マネーが貸出増加につながらない（低欲望社会） ・日銀の内部崩壊リスクが高まる（国債買い入れオペによる） ・円安によるデメリットが大きい
第2の矢 機動的な財政政策	・公共投資 ・国土強靭化政策	・過度の公共工事で人手不足、資材高騰というマイナス面ばかり目立つ ・財政は悪化の一途
第3の矢 民間投資を喚起する成長戦略	・地方創生 ・特区 ・女性の社会進出	・財政悪化を伴うバラマキ政策 ・特区など、お目こぼしの規制緩和策ばかり

・「成長戦略」は成果が表れるまでに時間かかる
・規制撤廃から成果につながるのは10年～15年
（サッチャーからブレアまで、レーガンからクリントンまで時間がかかっている）

出所:内閣府、SAPIO記事　©BBT総合研究所

浜田宏一・米エール大学名誉教授と本田悦朗・静岡県立大学教授、〝アベノミクスの仕掛け人〟とされる自民党の山本幸三衆議院議員らの罪は重い。

浜田氏らは、日銀による異次元金融緩和の後に円安・株高になると、それをアベノミクスの成果として「日本経済の復活に自信を持っていい」と喧伝した。しかし、金融・財政政策だけでは思うように景気が良くならないとみるや、消費税率引き上げに反対する立場を強調した。さらに浜田氏と本田氏は、わざわざノーベル賞経済学者のポール・クルーグマン米プリンストン大学教授を安倍首相に引き合わせ、再増税延期の必要性を進言させた。

だが、異次元金融緩和によって市場をお金でジャブジャブにすれば、円安になるのは道理である。その結果、インフレ傾向にもなる。しかし、物価上昇に賃金が追いつかない現状では実質所得が下がるから、消費低迷を招いて悪循環に陥った。

浜田氏や本田氏は、現在の消費低迷の引き金を引いたのはアベノミクスなのに、風向きが悪くなってきたら、それを棚に上げてしまった。

その一方で日銀は、何とか景気を上向かせようと「黒田バズーカ2」を断行したが、これはいわば低血圧を治療しようとしたら予想以上に血管が収縮し、かえって血のめぐりが悪くなったため、慌てて輸血と心臓マッサージを始めたようなものである。
だが、それは本来取り組むべき治療ではない。

20世紀の処方箋は通用しない

繰り返すが、日本経済の根本的な問題は「低欲望社会」にある。個人は１７００兆円の金融資産、企業は３８０兆円の内部留保を持っているのに、それを全く使おうとしないのである。そういう国は、未だかつて世界に例がない。貸出金利が１％を下回っても借りる人がいない。史上最低の１％台の35年固定金利でも住宅ローンを申請する人が増えていない。世界が経験したことのない経済なのだ。したがって、金融政策や財政出動によって景気を刺激するという20世紀のマクロ経済学の処方箋は、今の日本には通用しなくなっている。このことをクルーグマン氏や、アメリカの経済学説の〝輸入学者〟である浜田氏らは全く理解していないのである。

さらに欧米では再びケインズ・ブームが到来している。たとえば、『ブルームバーグビジネスウィーク』（14年11月３～８日号）は、ケインズを表紙にして「いま世界中がケインズを求めている」という特集を組んだ。クルーグマン氏も、財政規律を気にしすぎて財政出動に二の足を踏んでいる欧米の政府や、時期尚早の利上げに走ったECB（欧州中央銀行）を批判し、日本の異次元金融緩和と財政政策を支持している。

さらに14年11月にオーストラリア・ブリスベンで開かれたG20（主要20か国・地域首脳会議）も「G20全体のGDPを2018年までに2％以上引き上げる」という目標を盛り込んだ首脳宣言を採択した。要するに、〝みんなで公共投資をして2％以上の経済成長を目指そう〟というわけである。

しかし、今や日本経済は、いくら金融緩和や公共投資のバラ撒きをしても、消費者心理が明るくならない限りは経済が上向かないという、これまで世界が経験したことのない領域に入っている。言い換えれば、もはや日本は中央政府による金融政策や財政政策では、国民の欲望を復活させて消費を拡大することは、永遠にできないのだ。

そういう特殊な国において、使い古された（欲望と野心があった時代＝）20世紀型のケインズ経済的な政策を乱発したのがアベノミクスなのである。

変えるべきは「国の仕組み」

日本の問題点をもう一度整理すると、個人金融資産や企業の内部留保が市場に出てこないまま〝塩漬け〟状態になっていて消費も設備投資も上向かない。日銀は禁じ手とされる金融機関などからの国債買い入れを増やし続け、すでにGDPの60％を超える360兆円以上の国債を保有している。

日銀に国債を売ってキャッシュがダブついている銀行は、貸出先がなくて株を買うしかなくなり、GPIF（年金積立金管理運用独立行政法人）も政府の株価維持策で日銀に国債を売ったカネで株を買い増している。しかも、日経225などの指定銘柄だけを狙い撃ちしているから、株価指数が上がるのである。だが、それが実際の企業の業績や経営状況を反映したものでなければ、見せかけの株高にすぎない。

その一方で、2016年度予算の一般会計歳出総額は、過去最大の96兆7218億円に達した。「3本の矢」の総括もできていないうちにアベノミクス第2ステージの政策として「新・3本の矢」まで打ち出したが、いずれも実現にはほど遠い政策ばかりだ。いくら予算を増やして経済対策を繰り出しても、経済成長率が下がり続けているというのが、日本の実情なのだ。

この窮状から抜け出すためには、戦争を起こすか、歳出を4割カットするか、消費税を20％にするかしかない。その中間案として、とりあえず消費税15％、歳出2割カットぐらいはやれるかと言えば、政治家たちには無理だろう。官僚も役人の5人に1人は削減しなければならない、ということで猛反発するだろう。

根本的な問題解決策は、私が25年以上前から提言しているように、この国の仕組み（統治機構）を道州制の導入によって中央集権から地方分権に変えるしかないのだが、それは今の中央官僚がいる限り、よほど強いリーダーが登場しないと無理である。日本人は、一人一人はそれなりに問題意識を持っていても、集団になると「易きにつく」性質を持っている。もはや、この国の仕組みを変えることは、しばらく諦めるしかなさそうだ（統治機構改革のあり方については、拙著『君は憲法第8章を読んだか』を参考にしてほしい）。

そうなると、論理的に考えて、アベノミクスの行き着く先は「国債暴落」と「ハイパーインフレ」ということになる。ハイパーインフレになれば、1000兆円を突破した国の借金も帳消しになる。安倍首相お得意のフレーズになぞらえれば、「ハイパーインフレ、この道しかない」のである。しかし、ハイパーインフレは年金生活者などを破綻に追い込み、国民生活は大混乱に陥る。その時、どう生き延びていくのか——。

いずれにしても、2014年暮れの総選挙と16年夏の参議院選挙で、結果的に破局への備えをせざるを得ない「この道」を、国民が選択したということである。

「異次元金融緩和」に出口はない

たしかにアベノミクスは日本人の心理を明るくしてくれたし、円安で企業業績が良くなるのに伴って株価も上がった。しかし、ここから先、何か次の手はあるのか考えてみると、すべて出し尽くしてしまった感が強い。

先述の通り、日本銀行の黒田東彦総裁は「物価安定の目標」を消費者物価の前年比上昇率2％と定め、それを実現するために必要な時点まで金融機関から国債などを買い入れてお金を市中に供給する「異次元金融緩和」を行なっている。その結果、長期国債と国庫短期証券を合わせた日銀の国債保有額はすでに360兆円以上に達している。言ってみれば、日銀は国債で〝満腹〟になり、かたや日銀に国債を売った銀行にはキャッシュがあふれている。銀行は現金を持っていても意味がないし、金融庁からも貸し出しを増やせと言われている。しかし、企業は現金・預金だけでも261兆円もの余剰資金を抱えているので、なかなか借り手が見つからない。優良企業には「金利ゼロでいいから借りてほしい」という話が持ち込まれているほどだ。

その一方で、中小企業から回収すべき不良債権は山ほどあるが、金融庁から「潰すな」と言われているため、13年3月末に中小企業金融円滑化法（モラトリアム法）が終了した後も、倒産しない限り、利払い能力がないような会社でも「正常債権」という分類のまま放置している。モラルハザード（倫理の欠如）のレベルを超えて、銀行の役割はいったい何なのか、全くわからない状態になっているのだ。

この未曽有の超カネ余りと日銀国債丸抱え、そして国の借金が1000兆円を突破した中で、危機は確実に忍び寄っている。

金融緩和の「出口戦略」が注目されているアメリカでは、13年12月にFRB（連邦準備制度理事会）がQE3（量的金融緩和第3弾）の縮小開始を決定した途端、長期金利が3

%台に上昇した。縮小は、これまで月850億ドルだった国債と住宅ローン担保証券の購入額をひとまず750億ドルに減らすという小幅なものであるにもかかわらず、だ。FRBは「量的緩和が金利上昇に直結するわけではない」としているが、2年半ぶりの高水準になったのは紛れもない事実である。

このため、当時のバーナンキFRB議長は、量的緩和の縮小が「必要な限り金融緩和を継続するという確約を弱めるものではない」と述べ、雇用改善と物価安定が達成されるまで、FRBが超低金利政策などの金融緩和を続ける方針を改めて強調した。つまり、いったん金融緩和を進めて流動性を高めてしまうと、絞り始めた時には長期金利が上がってコントロール不能のインフレになりかねない。それをFRBは恐れているのだ。

金利上昇でまず日銀が〝爆発〟する

アメリカでさえこうなのに、日銀が絞り始めたらどうなるか？ 出口戦略はあるのか？

これだけ金融緩和をしてしまうと、出口を見つけるのは至難の業どころではないと思う。

少なくともGDPの比率からすればアメリカより日本のほうがはるかに状況はシリアスだ

し、すでに実質的に日本の国債の利回りはほぼゼロになってきている。

過去に、ここまで金融政策がたるみきった国家はほとんどないが、数少ない例は、第1次世界大戦後のドイツである。敗戦によって巨額の賠償金を背負わされた当時のドイツは、紙幣を刷りまくってハイパーインフレになった。刷りすぎたらハイパーインフレを招来するというのは、紙幣も国債も同じである。

アメリカのQE3縮小をめぐる動きの中でわかったことは、少しでも金融緩和縮小の匂いがすると、急激に長期金利が上がるということだ。日本の場合、日銀が金融緩和を縮小して金利が上昇したら、最初に腹の中が爆発するのはGDPの半分に匹敵する国債を抱え込んだ日銀である。

したがって、今回の黒田日銀の異次元金融緩和に出口はないと思う。もし黒田総裁が出口を見つけられたら、まさに天才と呼んでよいだろう。

安倍政権は景気を上向かせるために、いわば車にガソリンを注ぎ続けながらアクセル全開でブレーキを踏まずに突っ走ってきた。その象徴が、前述した過去最大の97兆円近くに膨れ上がった2016年度予算だ。

振り返れば、EUではギリシャの財政問題に端を発した欧州債務危機の時に、ECB（欧州中央銀行）のドラギ総裁が「必要があれば、どこの国の国債でも無制限に買う」と言ったから、危機が遠のいて小康状態が続いている。ところが、ECBがどれくらい国債を買ったのか調べてみたら、なんと「ゼロ」だった。黒田総裁と異なり、ドラギ総裁は〝口先〟だけで、実際には全く買っていなかったのである。

2015年になって、ついにECBは「量的金融緩和」に踏み切る方針を決定し、3月からユーロ建ての資産の買い取りを月に600億ユーロ（約8兆円）の規模に拡大させたが、反対の声も根強い。

アメリカもアクセルを踏むのはやめて、ブレーキを踏んでいる。

そんな中で、日本だけが一貫して、給油しながらアクセルを踏み続けているという状況なのである。

優れたトップは一つのことだけを言う

なぜアベノミクスはうまくいかないのか？　それはプロジェクトを指揮する立場にある

安倍首相のマネージメントに問題があると思われる。

そもそも、良い会社とダメな会社の最も大きな違いは何か？　これまで40年にわたって国内外の企業の経営コンサルティングを手がけてきた私の経験からすると、それはたった一つのことに集約される。「経営トップが業績を立て直すためにどんな方針を掲げるか」ということだ。良い会社の経営者は「我が社の問題はこれだ」と一つのことしか言わない。一つのことを、4〜5年かけて徹底的に実行させる。

好例が、トヨタ〝中興の祖〟と呼ばれた豊田英二・元トヨタ自動車最高顧問だ。英二氏は「乾いたタオルでも知恵を出せば水が出る」と、無駄をなくすことだけを言い続け、トヨタの代名詞となった生産革新「カンバン方式」を確立した。常に強い危機感を持ち、私がトヨタ幹部社員1500人を集めた研修会に講師として呼ばれた時も「慢心は最大の敵だ。間違ってもトヨタを褒めないでくれ。トヨタがいかにダメか、それだけを言ってくれ」と何度も念を押されたほどである。

一方、ダメな会社の経営者は、改善策を10も20も並べ立て、それらを全部やらせようと檄を飛ばす。しかし、社員は次々に出される指示に追いつけなくなり、結局は何も実現しない。

良いコンサルタントとダメなコンサルタントとの違いも同じである。良いコンサルタントは、問題点を最も大きな一つに絞り込み、その改善策だけ提案する。

ところがダメコンは、会社を分析して出てきた問題点が30あったら、そのすべてを指摘し、それを反転した改善策を羅列する。問題点の逆さまが改善策だと思っているからだ。

しかし、会社は30もの改善策を実行できるわけがないので、どれも中途半端か、全く実行されずに終わってしまう。

そういうダメ会社、ダメコンを、どこかで見たことがないだろうか？　そう、まさに今の安倍政権である。

安倍政権は異次元の金融緩和、機動的な財政政策、民間投資を喚起する成長戦略という「3本の矢」によるアベノミクスを掲げ、実に様々な政策を打ち出した。しかし、どのつまり何がどこまで決まって、これからどんなことが実現するのか、どんな効果があるのかさっぱりわからず、全貌は誰も把握していない。

さらに、消費税を8％に上げる代わりに、5兆円の法人税減税やバラ撒きで景気が腰折れしないようにするとして、実行に移した。これは、冷静に考えれば、5兆円の無駄遣いをするために3％の消費税増税をするのと同じである。財政規律などは忘却の遥か彼方、という締まりのなさである。豊田氏との〝大いなる差〟は埋めようがない。

道を誤る安倍政権の「三つの本質」

私が考えるに、〝安倍政権の本質〟は、三つのカテゴリーに大別される。

第1は「証拠もないのに言い切る」という安倍首相の傾向だ。

東京電力・福島第1原子力発電所の汚染水漏出問題は、その典型だ。安倍首相は東京オリンピック招致の最終プレゼンテーションで、汚染水について「完全にコントロールされています」と世界に宣言した。しかし、あれはコントロールできない。なぜなら、毎日400トンも湧き出てくる地下水をどうやって放射性核分裂生成物と接触しないようにするかという問題は「直ちに何とかしなければならない」が、それを抜本的に解決する工事を行なうには放射線レベルが高すぎて「2〜3年は無理」だからである。しかも、港湾内は外洋と完全に仕切られておらず、汚染水を封じ込める構造にはなっていない。その改良工事計画は出ているが、完成は2年後という大工事だ。つまり、実際の状況は「アンダー・コントロール」ではなく、「アウト・オブ・コントロール（制御不能）」なのに、「コントロールされています」と平気で言い切って、省みることがないのだ。東電の廣瀬直己社長が「私も安倍さんと同じ理解です」と、直接自分の意見を言うのを避けたほどである。

安倍首相は経済問題も明るく言う。私が提唱している「心理経済学」の観点からすれば、国民の心理を明るくするのは景気浮揚につながるから良いことだが、後述するように日本経済には本質的で構造的な問題がある。2020年の東京オリンピックにしても、新聞やテレビが「3兆円の経済効果」と囃《はや》し立て、多くの人が「これで景気が良くなる」と期待しているが、五輪開催で景気が良くなるのは途上国の現象だ。今の日本のような成熟国では、競技場や選手村、交通網などを整備する公共工事に税金を注ぎ込んだ分だけの経済効果しかない。要するに安倍首相は、明るい話をして、そのアナウンス効果で景気浮揚を図っているにすぎないのだ。

第2の本質は、前述した数えきれないほどの政策の乱発である。しかも、安倍首相はブレーンや側近の言うことばかり聞いているため、自民党内では議員たちの間に「自分の意見も聞け」という不満が鬱積している。

たとえば安倍首相は、13年と14年の二度にわたって、消費税率の引き上げについて有識者数十人の意見を聞く「集中点検会合」を開いたが、あれは実は百家争鳴状態になっていた議員たちを鎮めるための〝ガス抜き〟だった。しかし、いったん消費税率を上げると決めたら、周りが何と言おうが、粛々と意思決定するのがリーダーであり、安倍首相のようにあちこちの意見を聞くのは、ダメ経営者の典型なのである。結果的に、増税賛成の意見が多数だったにもかかわらず、安倍首相は10％への増税を延期する決定をしたわけで、時間と税金と多くの人間を巻き込んで、意味のないイベントをやったにすぎなかった。

第3の本質は、第2の本質の原因でもあるのだが、実は安倍政権は新しいことをやっているわけではなく、昔の自民党に戻って「官僚依存」「役人に丸投げ」をしているだけだということである。役所は相変わらず〝縦割り縄のれん組織〟だから、省庁ごとに我田引水の税金無駄遣い政策がバラバラに出てきてしまうわけで、安倍首相はそのスポークスマンにすぎない。

結局、安倍首相には日本の本当の問題が見えていないのだ。これからの日本は、労働力人口が毎年約40万～60万人も減少していく。このデモグラフィ（人口統計学）の問題こそが日本の最大の課題である。これを座視していたら日本はGDPが減り続け、国力が弱くなっていく。それを防ぐためには、移民の受け入れや高齢者の活用などが必要なのだが、安倍首相は建設や介護など一部の分野での外国人受け入れの方針を打ち出しているだけで、本気で取り組もうという意気込みは感じられない。

いま日本に必要なのは、「たった一つのこと」を語る真のリーダーだ。このままでは東京オリンピックの前に、日本経済は沈没してしまうだろう。

〝マイクロ・マネージメント〟の典型

引き続き、安倍政権のマネージメント力について検証する。

会社で最も嫌われる上司はどんなタイプかご存じだろうか？　英語で「マイクロ・マネージャー」、すなわち部下の行動を箸の上げ下ろしまで細かくチェックして、いちいち文句をつける上司である。部下には意思決定をいっさい任せず、報告書や領収書の瑕疵《かし》といった些細《ささい》な点まで重箱の隅をつつくように管理・干渉することを、否定的な意味を込めて

「マイクロ・マネージメント」というのである。

そんなマイクロ・マネージメントの典型が、安倍政権だ。安倍政治というのは、ひと言で言えば〝官僚依存による中央集権の統制社会〟である。つまり、中央政府の役人が細かいことまで自分たちの権限で決め、国民や地方や企業に押し付けている。その規制の中で〝目こぼしする〟のも〝お灸をすえる〟のも役人だ。安倍政権がやっていることは規制緩和どころか規制強化であり、役人が省利省益を拡大するためのマネージメント自体が目的になっている。だから、地方創生や経済成長には全くつながっていない。

一例は、14年から始まった「教育資金の一括贈与を受けた場合の贈与税の非課税制度」だ。これは親や祖父母が30歳未満の子供や孫に教育資金を贈った場合、1人あたり1500万円まで贈与税がかからないという制度である。

しかし、この制度を使うためには、金融機関に子供や孫の名義で専用口座を開いて贈与する資金を入金し、そこから入学金や授業料、保育料、学用品の購入費、修学旅行費、給食費などを引き出して支払ったら、使途が教育資金であることを証明する書類（領収書など）を金融機関に提出しなければならない、という面倒くさいルールがある。しかも、入金した資金を30歳までに使い切らなかった場合は、口座の残額が贈与税の対象になる。

仮に子供や孫が現在5歳とすれば、ストレートで大学を卒業するまでに17年間、30歳になるまでには25年間もある。その間ずっと領収書をもらって毎年、金融機関に提出しなければならないわけだ。

さらに、たとえば子供や孫がスポーツ選手を目指していてもスポーツ観戦の費用は教育資金にならないのか？　ゲームのプログラマーになりたいと思っていてもゲームソフトなどの購入費は教育資金にならないのか？　東京ディズニーリゾートやユニバーサル・スタジオ・ジャパンに行くのは、なぜ教育目的と認められないのか？　教育資金か否かの判断は誰がするのか？　そうした矛盾や疑問が多々あるのに、新聞やテレビは何も指摘していない。

「規制緩和」は見せかけだけ

その上、15年4月には「結婚・子育て資金の一括贈与に係る贈与税の非課税措置」が創設された。この制度は結婚・妊娠・出産・子育てについて、親や祖父母から1人あたり1

000万円まで（結婚費用は300万円まで）の資金を、非課税で贈与できるというものだ。これも利用する時は教育資金と同じく金融機関に信託する必要があり、結婚・子育て資金の支払いに充てたことを証明する書類（結婚費用や出産費用、ベビーシッター代などの領収書）を金融機関に提出しなければならない。贈与を受けた人が50歳になった時点で口座に残額があった場合は、やはり贈与税の対象になる。

教育資金と結婚・子育て資金の非課税額は合計すれば上限2500万円になるが、もともと教育資金など生活に必要なお金を親や祖父母が出しても贈与税は課されていない。従来の生前贈与でも毎年110万円までは非課税だし、「相続時精算課税の特例による非課税枠」2500万円と「住宅取得資金贈与の特例による非課税枠」最大1500万円を一緒に利用すれば最大4000万円まで非課税となる。

そもそも、高齢者の保有する資産を消費拡大へと活用する目的で、特例的に贈与税や相続税を非課税にするというのなら、親や祖父母が贈った資金を子供や孫が何に使うかということについて政府が口をはさむこと自体がおかしいと思う。親や祖父母にもらったお金でゲームソフトを買おうが、スポーツ観戦をしようが、旅行に行こうが、個人の自由ではないか。「とにかく3000万円までは何に使っても非課税」とすれば、高齢者を中心に貯め込んでいる1700兆円の個人金融資産が一気に子供・孫世代へと移って消費が拡大するはずだ。

なのに、それらをすべて使途限定の〝ヒモ付き〟にしているということは、逆に言えば、中央の役人たちが規制を緩和したかのように見せかけているだけで、実際には手綱を全く離していないということだ。安倍政治は、あらゆる分野で官僚が非常に細かいところまで差配して管理を強化し、国民や地方や企業に対しては「恵んでやる」という〝上から目線〟なのである。

恐ろしいほどの「計画経済」国家

安倍政権が典型的なマイクロ・マネージャーである所以《ゆえん》は、贈与税の非課税制度を新設する一方で、15年1月から相続税の課税対象者の拡大や税率の引き上げを行なっていることだ。基礎控除額が「5000万円＋1000万円×法定相続人の数」から「3000万円＋600万円×法定相続人の数」に縮小され、税率も2億円超3億円以下が40％から45

%に、6億円超が50%から55%に引き上げられた。

要は、裕福な高齢者の金融資産を吐き出させようとしているわけだが、これでは富裕層はますます海外に逃避するし、たいして資産がない中間層は相続税に備えていっそう財布のヒモを締めるだろう。その結果、税収もせいぜい〝行って来い（プラスマイナス・ゼロ）〟で、消費が減退するだけに終わると思う。ストレートに相続税撤廃といかないで、ちびりちびりと手綱を緩め、気がついたら全体の相続税は増していたというシャレにならない混乱ぶりである。

また、中央の役人たちが全く手綱を離していない例には「国家戦略特区」がある。東京圏、関西圏、新潟県新潟市、兵庫県養父市、福岡県福岡市・北九州市、沖縄県、秋田県仙北市、宮城県仙台市、愛知県、広島県・愛媛県今治市が指定されたが、なぜこれらの10区域だけなのか？　役人の答えは「収拾がつかなくなるから」。恐ろしいほどの「計画経済」である。

だが、変化は収拾がつかなくなったところで起きる。過渡的には無秩序が成長を促し、そこから新しい秩序が生まれるのだ。国家戦略特区は国が10区域だけ指定するのではなく、中国の経済開放区のように日本全国どこでも手を挙げた所はすべて特区にして自由にやらせればよいのである。成長戦略は開放と混乱の中からしか生まれないということを、役人は知るべきだろう。

「残業代ゼロ」制度は〝余計なお世話〟

前項で安倍政権の本質は、官僚依存の「マイクロ・マネージャー」だということを、教育資金の贈与税非課税などを例に挙げて指摘したが、一事が万事で、アベノミクスの「成長戦略」と称する政策はマイクロ・マネージメントのオンパレードだ。

たとえば「残業代ゼロ」制度。これは「年収1075万円以上」で「高度な専門的知識を持つ」為替ディーラー、ファンドマネージャー、研究開発職、コンサルタントなどを対象に、働いた時間ではなく成果で賃金を支払うというものだ。

しかし、なぜ年収1075万円以上なのか？　職種の基準は何なのか？　根拠となったのは労働基準法第14条で定められた有期労働の契約期間の上限を3年から5年に延長できる要件で、その対象となる専門職の年収が1075万円以上となっているため、それを残業代ゼロ制度に転用したという。だが、期間の定めのある有期雇用の要件を、期間の定めのない無期雇用（＝正社員）が前提の残業代ゼロ制度に転用するのは、そもそも無理がある。残業代ゼロ制度に現在の企業社会の実態に即した明確な根拠はないのである。

拙著『稼ぐ力』（2013年／小学館）で書いたように、仕事が時間や場所に制限されなくなっている今日、多くのホワイトカラーの仕事は成果と給与の関係について「再定義」が必要になっている。残業代ゼロも、その再定義の中で経営者や管理職と社員が協議して詰めていくべきであり、政府が一方的に決めることではない。

さらに安倍政権は「長時間労働を防ぐ」という名目で、企業に対して終業から次の始業まで一定の時間を空ける「インターバル規制」、「月間労働時間の上限設定」、「年間104日以上の休日取得」のいずれかを実施させることを検討している。あるいは「有給休暇の取得率を上げる」ため、従業員が有給休暇を取得する時期を指定することを企業に義務付ける方針だという。これらもまた企業側から見れば余計なお世話であり、まさに重箱の隅をつつくマイクロ・マネージメントだ。

「地方創生」の目玉策も理解不能な愚策

噴飯ものは、東京など大都市圏の企業が本社機能を地方に移せば社屋などへの投資額の最大7％を法人税額から差し引けるようにし、管理部門など本社機能の移転に伴う社員の転勤などで地方拠点の雇用が増えた場合も1人あたり140万円を税額控除できるようにするという税制改正案だ。地方で雇用を創出するとともに東京一極集中を是正し、地方からの人口流出を抑えて地方経済の底上げにつなげる「地方創生」の目玉だそうだが、これほど理解不能な愚策はない。

なぜなら、私はこれまで、本社機能を地方に移した大手企業を寡聞にして知らないからだ。東京都内ですら、丸の内や大手町をはじめとする都心3区（千代田区、中央区、港区）以外のエリア（たとえば池袋やお台場）に本社を移転したり東京営業所を置いたりした会社は、都心部へのアクセスの不便さに音を上げて、ことごとく都心3区と品川区の一部に回帰している。

もし、この税制改正を利用して本社機能を地方に移す会社があったとすれば、それは単に税制優遇措置が目当ての成長余力がない会社だろう。そういう無意味なインセンティブを企業の鼻先にぶら下げて税金をバラ撒くのは愚の骨頂である。

「女性登用」政策も同様である。安倍政権は14年10月の臨時国会で、女性登用に向けた数値目標を作って公表することを大企業に義務付ける「女性活躍推進法案」を提出した（15年8月に成立）。女性の登用が進んでいる企業を認定する仕組みも導入し、認定を受けた企業に対しては公共事業の受注機会を増やすなどの優遇策も盛り込まれた。いわば「鞭」（数値目標の義務付け）と「飴」（優遇策）によるマイクロ・マネージメントの典型である。

ところが、その一方で地方創生の司令塔となる「まち・ひと・しごと創生本部」は、合計特殊出生率が2013年の1・43から1・8程度まで改善されることを目指すべきだとしている。安倍政権は女性をもっと働かせたいのか、それとも女性がもっと子供を産みやすい社会にしたいのか、私にはさっぱりわからない。

首相に日銀・経団連・連合が同調する異常

それだけではない。安倍首相は「賃上げしろ」だの「設備投資を増やせ」だのと、しきりに企業経営に〝口先介入〟しているが、最近では日銀の黒田東彦総裁までそれに同調している。黒田総裁は15年1月、労働組合の中央組織・連合の新年交歓会に出席した。日銀総裁が連合のイベントに出席するのは異例で、2％の物価上昇目標を実現するために春闘における賃上げムードの盛り上げが狙いとみられている。連合は春闘で2％以上のベースアップを求める方針を示しており、新年交歓会には経団連の榊原定征会長も初めて出席し「賃金の引き上げにつなげる最大限の努力をしていく」と述べた。首相が号令をかけ、それに従って中央銀行と経済団体と労働団体が足並みをそろえるというのは前代未聞である。今や日本は文字通り「全体主義的計画経済」の様相を呈しているのだ。

しかし、経団連に入っている企業の従業員や連合に加盟している労組の組合員は日本の中では非常に少ないので、仮にその人たちの給料が上がったとしても、日本全体で見れば給料の上がらない人が大半である。また、連合の中核労組の一つは自治労、すなわち公務員（地方自治体の職員など）だ。その給料を上げろというのは、もっと税金を使えということであり、それはタコが自分の足を食べているようなものだから成長戦略としては全く意味がない。

あるいは、GPIF（年金積立金管理運用独立行政法人）の運用見直しが株高につながると言われても、日本の個人はあまり株式投資をしていないので、株価が上がって潤う人は限られている。大半の庶民は、政府が喧伝している株高やボーナス高に関係なく、消費税増税や円安に伴う食料品の値上がりなどによる負担増をひしひしと感じながら、貯金を取り崩して生活しているのが実情だ。つまり、安倍政権は個人や企業をロボットに見立ててマイクロ・マネージし、自分たちが望む方向に動かそうとしているのだ。現場を知らない政治家や官僚が上から目線でやるのだから、経済実態とかけ離れていくのは当たり前だ。

こうした事態をなぜマスコミが糾弾しないのか、大本営発表だけを伝えているのか、私には理解できない。いつか来た道に嵌まっていないことを祈るのみだ。

「配偶者控除」をありがたがるな

14年3月に安倍首相が、政府の経済財政諮問会議と産業競争力会議の合同会議で、女性の活用を促すことを目的に「配偶者控除の見直し」を指示したのを受け、政府税制調査会でもこの問題が俎上に載せられた。14年11月には同調査会が「廃止」「修正」「新制度の導入」の三つに分類し、より細かく具体案5案を提言している。

配偶者控除とは、納税者に所得税法上の控除対象配偶者がいる場合に一定の金額の所得控除が受けられる制度で、たとえば会社員の夫と専業主婦の妻の世帯なら、妻がパートなどで働いても、その年収が103万円以下であれば妻に所得税がかからない上、夫の所得から課税対象となる分を38万円減らして所得税が安くなる。いわゆる「103万円の壁」だ。またこの条件を満たす〝専業〟主婦は「第3号被保険者」として夫の健康保険組合に被扶養者として加入できる。安倍首相は、この配偶者控除が「女性の就労拡大を抑制している」として縮小・廃止を検討するよう求めたのである。しかし、それに対する反対や慎重論が相次いでいる。

実際、配偶者控除はサラリーマン世帯の多くが生活バランスを取るために使い、彼らの家計防衛に一定の寄与をしている。そのため、今すぐ縮小・廃止を実行しようとすれば、サラリーマンたちが猛反発し、国会議員が地元に帰るたびにこの（わかりやすい）問題で激しいバッシングを浴びることになるだろう。

しかし、では、このままでよいかと言えば、それも違う。我々はともすれば、「○○控除」や「○○手当」をありがたがり、国から「恵んでもらう」ことが当たり前のような感覚になりがちである。だが、それは間違いだ。そもそも配偶者控除という仕組み自体、半世紀も前にできたもので、今の実情には合っていない。

「家庭内総合課税」か「夫婦別々課税」か

もし、女性を男性と完全に同格にして本当に活用するとともに公平な税負担を実現したいなら、その方法は二つしかない。

一つは「家庭内総合課税」である。つまり、一世帯を形成している人たちの中で働いている人の収入は全部合計して〝連結決算〟にするのだ。そして、その総収入については、現在の日本で最も多い単身世帯の人たちよりも税率を5％なり10％なり低くするという方法だ。ドイツなどは、この税制を導入している。

もう一つは「夫婦別々課税」だ。いま日本では女性のライフコースが非常に多様化している。昔の女性のライフコースは、学校を卒業→就職→結婚→出産→専業主婦か共稼ぎ、もしくは子育てが終わってから再就職、という具合にほとんど単一的だった。しかし、最近の女性のライフコースを調べると、未婚化・晩婚化・離婚・死別などの増加によってワーキングシングル、プラチナ（リタイア）シングル、ＤＩＮＫＳ（Double Income No Kids）、ＤＥＷＫＳ（Double Employed With Kids）、リターナー（子育て後の復職層）、シニア共稼ぎ夫婦、専業主婦、プラチナ夫婦など10以上のパターンに分かれているのだ。

そういう状況の中で女性の就労を拡大していくとなれば、多様なライフコースに対応した働き方ができるような仕組みを整えると同時に、夫婦別々課税、すなわち夫も妻もそれぞれ単身で独立して稼いだとみなし、夫婦世帯でも単身世帯と同水準の高い税率や保険料負担などを課すのもやむをえないと思う。そうすると働いている女性たちが税金や年金・保険を自分で払うので、離婚などの自由度も大幅に拡大する。

すでにアメリカでは、全世帯の49％を占める共稼ぎ世帯の場合、女性のほうが男性より給料の高い世帯が25％に達している。おそらく今後は日本も徐々にそうなってくるだろう。となると、夫が一家の大黒柱として働き、妻は家庭を守って子育てをするという「サラリーマン家庭の専業主婦」を前提にした配偶者控除は現実にそぐわない。

政府税制調査会の議論でも、現在の制度の廃止（＝夫婦別々課税）や、夫婦で一律の税額控除などの案が出されているが、最終的には家庭内総合課税か夫婦別々課税にするしかないと思う（ただし、少子化対策として婚姻に関係なく子育て世帯への手厚い控除は必要である）。

江戸時代より重い国民負担率に怒れ

その一方で、日本の税制には年収1000万円以上のサラリーマンの給料が上がらないという特徴がある。年収が多いほど税率が高くなり、「いくら稼いでも手取りはほとんど変わらない」という事態になってしまうのだ。このため、日本の会社は各種の手当や退職金といった給料以外のインセンティブを付けている。だが、これは途上国の税制、途上国の会社のやり方だ。

たとえばイギリスの場合は、車は会社持ちで、社員が好きな車を購入し、それを経費として給料から差し引く。そのほうが課税対象となる給料額が少なくなるからだ。

また、アメリカの大企業では、すべて個人の裁量に任されている。つまり、グロスの年俸だけが決まっていて、その中で、たとえば税率の関係で自分はキャッシュよりも運転手付きの車をもらったほうが得だと思ったら、そういうオプションを自由に選ぶことができる。

日本もそろそろそのような先進国の給与・税制システムに移行すべきだと思う。なぜ、こうした議論が必要なのか？　注目すべきは日本の国民負担率の高さだ。

財務省によると、２０１４年度（見通し）の租税負担率（対国民所得比）は24・１％で、北欧のデンマーク、スウェーデン、フィンランド、ノルウェーに比べると非常に低いと説明されている。しかし、それに健康保険や失業保険、介護保険などの社会保障負担率17・5％などを加えた国民負担率は41・６％に達する。

さらに、国の財政赤字は、赤字国債などで借金としていずれ国民が支払わなければならないおカネだから、これも国民負担となる。それを合わせると、給料の実に52％を国に召し上げられている計算になる（図表19）。平成時代の日本国民は、江戸時代の「五公五民」よりも過酷な負担を強いられているのだ。

たしかに北欧諸国の国民負担率は60～70％で日本より高いが、その代わり老後はすべて国が面倒を見てくれるし、医療や教育などもタダである。だから貯金をしなくても安心して生活し、余生を過ごすことができる。一方、日本は年金制度を維持していくことすら危ぶまれている有り様だ。

日本人は、この現実を直視すべきである。とりわけ仕事と子育て、親の介護などに奔走している30〜50代の現役世代が、より重い負担を課され、少しでも息をつくために奥さんがパートやアルバイトに出ながら年収を103万円以下に抑え、かろうじて配偶者控除を受けて家計を助けているという歪んだ現実は、やはり早急かつ根本的に正さねばならない。

モラルなき「中小企業支援策」の末路

安倍政権下で、企業の倒産件数がバブル期並みの低水準になっている。

東京商工リサーチの調査によると、2014年の全国企業倒産件数（負債額1000万円以上）は前年度比10・3％減の9731件で1990年以来24年ぶりに1万件を下回り、15年はさらに9・4％減の8812件と、9000件を割り込むまでに至っている。

この〝異常事態〟を招いたのが、2009年12月から13年3月末まで続いた「中小企業金融円滑化法（モラトリアム法）」と、その期限切れ後も中小企業のリスケ（返済時期の

図表19 重いのは税金だけではない「国民負担率」の推移

◆年収階級別世帯数割合の変化

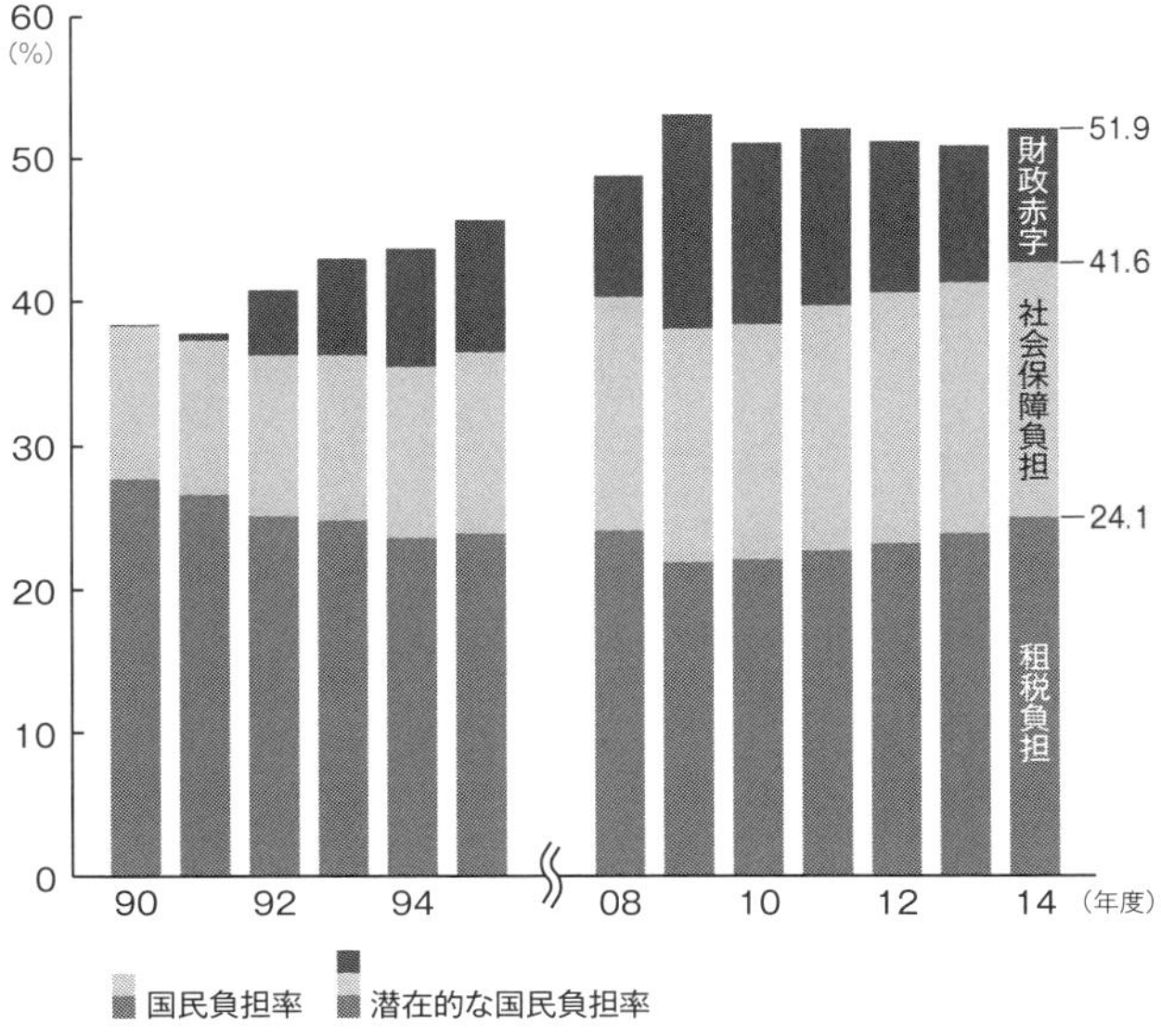

(注)12年度までは実績、13年度は実績見込み、14年度は見通し　出所:財務省　©BBT総合研究所

繰り延べ）要請に応じている銀行だ。私は、モラトリアム法の期限切れ前にも著書や雑誌の連載などでこの問題を取り上げたが、まさかの返済猶予継続によって、本来はとっくに潰れていてもおかしくなかった中小企業が、今も延命しているわけである。つまり「モラトリアム」ではなく、果てしない「モラルハザード」が起きているのだ。

病人に喩《たと》えれば、もはや自力では生きられない末期患者に生命維持装置を付け、最終期限が来ても外さなかった。そのため、すでに寿命は尽きているのに、ずっと病室で生き続けている患者のような中小企業だらけになっているのだ。

金融庁は、モラトリアム法を利用した中小企業の数は30万〜40万社に上り、そのうち自主再建困難な企業は5万〜6万社に達すると推計しているという。

実際、モラトリアム法の適用を受けてきた中小企業を調査したところ、経営状況が改善されていない会社が少なくなかったらしい。このため金融庁は、そういう中小企業に対しては、転廃業を促す方針に転換したと報じられている。

しかし、経営コンサルタントとして40年以上にわたって企業の盛衰を見てきた私に言わせれば、廃業はともかく、転業は再建や起業よりもはるかに難しい。

たとえば、小さな町工場がＩＴ企業になったり飲食店を開いたりしてすんなり成功できたら、経営者は誰も苦労しない。おそらく転廃業を選んだ中小企業に新たな融資をしても、それらの会社は再び負債を増やして倒産するのがオチだろう。だから、なぜこんなことをするのか、私には全く理解できない。

結局、金融庁も銀行も〝最終処理〟をしたくないのである。政府は倒産件数が増えるのは見たくないし、銀行は貸付金の損金処理をしたくないからだ。

銀行は何も仕事していない

かつて、バブル崩壊で不良債権にまみれて国から資本注入を受けた銀行は金融庁の検査に震え上がったが、今は融資した企業がモラトリアム法の適用を受けていれば債権がすべて「正常先」に分類されて検査はなくなる。それで、中小企業を延命させろ、と言われて唯々諾々《いいだくだく》と従っている。

なぜ、そんなことができるのか？　銀行が預金者にまともな金利を払っていないからである。

通常の国であれば、銀行の役割は預金を集めてそれを運用し、その差益を金利として払うというものである。ところが、日本の銀行の場合、預金は潤沢に集まるものの（金利がつかないのに銀行に預金する理由がわからないが）それを運用する能力がない。少しは運用利回りがあった国債も日本銀行に売ってしまったので、手元のキャッシュだけが増え続けている。

しかし、大企業や優良企業は資金を自己調達できるから、銀行融資を受ける必要がない。このため、いま日本の銀行はキャッシュがあり余っている。

銀行には決済業務という役割もある。だが、その中核になっているのはＮＴＴデータに毎年１００億円もの莫大な利用料を支払っている「全銀システム（全国銀行データ通信システム）」だ。全銀システムは１９７３年に発足したオンラインのデータ通信システムで、日本のほとんどの預金取扱金融機関が参加しており、１営業日平均で約５５０万件、約11・３兆円（年間で約13・５億件、約２７００兆円）の取引が行なわれているが、そのコストも、預金者の手数料によって賄われている。

残る銀行の役割は住宅ローンくらいである（相続税対策の信託業務や海外業務は、ほとんどの銀行であまりメジャーな業務になっていない）。だが、それも今は新たに住宅を購入する人が少なくなり、ニーズが急減している。

本来なら、過去最低金利を更新している「フラット35」や「フラット50」（前者は、民間金融機関と住宅金融支援機構が提携して提供している長期固定金利住宅ローンであるのに対し後者は、長期優良住宅の認定を受けた住宅について償還期間の上限を50年間とする制度）などの長期固定金利の住宅ローンに利用者が殺到するはずだ。しかし、実際の利用状況は穏やかなものである。こんな国は日本以外にないだろう。

日本には「金融秩序」はなくなった

そもそも日本は全国平均の空き家率が13・5％に達している。つまり、住宅の8軒に1軒が空き家なのである。5軒に1軒が空き家という自治体もある。普通なら、そんなに空き家があったら、そういう物件は値段が暴落しているはずだから、それを買ってリフォームしたほうが、新築より得に決まっている。

たとえば、キッチンやバス、トイレの水回りのリフォームは、700万円かけたらピカピカになる。4000万〜5000万円かけて新築したり新築物件を買ったりする必要性は全くないのである。

不良在庫が13・5％も積み上がっている中で同じ商品を作るということは、普通のメーカーだったらありえない。要するに、もはや日本に新築住宅のニーズはほとんどなくなった、と言っても過言ではないのである。

だが、世界のどこでも景気刺激策の柱は、住宅と自動車しかない。家電製品や食料品では景気は刺激できないのである。その住宅がこの有り様では、景気浮揚などできるわけがない。

預金者にまともな金利を払わず、融資先企業をすべて延命させ、キャッシュを持ちながら景気刺激になるような投資もできない……。日本の銀行は、もはや銀行としての仕事を何もしていないということである。日本には「金融機関」も「金融秩序」もなくなってしまったのだ。

それでもなぜか預金者＝日本国民は怒りの声を上げようとしない。世界の常識から見れば、実に不思議な国民と言うほかはない。

しかし、それもこれも「いずれは景気が良くなる」という前提があったから許されてきたことである。だが、その前提の根拠は、実は何もない。アベノミクスも明らかに息切れしているので、今後はすでに寿命が尽きている企業の倒産（転廃業してもやっぱり倒産）が相次ぎ、中小企業は死屍累々という惨状になるだろう。

金融庁と銀行がグルになって続けてきたモラルハザードの大きなツケが、いよいよ回ってくるのだ。

内部留保を貯める企業は「守銭奴」か

ここまでは安倍政権の「マイクロ・マネージメント」による成長戦略の政策がいかに的外れかということを、数々の実例を挙げて説明した。そういうお粗末な状況になっているのは、政治家はもとより、官僚も安倍首相のブレーンの学者も、新聞・テレビも、日本経済の実態を全く理解していないからである。

たとえば15年1月、麻生太郎財務相は企業の内部留保が約328兆円（当時）に膨らんでいると指摘した上で、内部留保を貯め込んでいる企業を「守銭奴」と批判し、利益を賃上げや設備投資に回せと要求した。その翌日になって、「内部留保の積み上げはデフレ不況と闘っている中で好ましいとは思わない」「利益が出れば賃上げや配当、設備投資に回すのが望ましいという趣旨だった」などと釈明したが、財務相にしてからが、なぜ日本企業が手元資金を使わないのか、使う気にならないのか、何もわかっていない。つまり、いま企業がやっていることや考えていることと安倍政権が企業に要求していること（賃上げや設備投資）の間には、滑稽なほどのギャップがあるのだ。

かいつまんで説明しよう。

今後の日本の国内市場は人口減少や超高齢化と少子化、さらに本書で何度も指摘している「低欲望社会」の広がりによって、成長の余地が極めて小さく、ブルーカラーの労働力不足も深刻化する一方だ。このため企業は、もはや国内市場での「オーガニック・グロース（有機的成長＝自力成長）」には限界があると感じているし、そのアイデアもない。

また、企業は政府に設備投資をしろと言われても、円高が進んだ時に多くの工場を海外に移してしまったから、国内では設備が余っている。人員も設備を海外に移したペースでは削減できていない。したがって円安になって国内生産を増やすとしても、新たな設備投資をしたり従業員を新規採用したりする必要はない。このところの円安で一部の日本企業が国内に回帰しているという報道もあるが、私が知る限り、その大半は休んでいた工場を動かして余っていた人員を戻し、足りない分は臨時工で補っているというのが実情だ。

成長戦略は海外でのM&Aしかない

20世紀の経済学では、これだけ円安が進んだら、一時はマイナス成長になるものの、しばらくすると海外に生産を移していた企業が国内に戻ってきて輸出競争力が強まり、経済が上向くとされた。いわゆる「Jカーブ効果」である。

しかし、今の日本の場合はそうはいかない。なぜなら、国内に残っている工場の大半は最終組み立て工場だからである。

最終組み立て工場は、トータルコストの約8割を中国、タイ、ベトナムなどの海外で製造している部品が占めている。それらは「輸入品」なので、円安になれば高くなる。したがって、円安で国内に企業が戻って輸出が活発になるという方程式はミクロ経済的には成り立たず、ミクロ経済を積み上げたのがマクロ経済である以上、Jカーブ効果はあり得ないのだ。

となると、日本企業が成長戦略を描けるのは海外しかない。しかし、海外で自前の工場と販売網をつくった日本企業が成功した例は非常に少ないので、経営者は海外でのオーガニック・グロースも難しいと感じている。このため、多くの日本企業が海外でのM&Aグロース（企業買収による成長）を目指さざるを得ない。

たとえば、米アメリカン・スタンダードと独グローエを買収したLIXIL、米ビーム社を買収したサントリーホールディングス、米アバニア・ファーマシューティカルズを買収した大塚ホールディングス、米コノプコ社からパスタソース事業を買収したミツカン、独DMG MORI SEIKI（旧社名はギルデマイスター）をTOB（株式公開買い付け）で買収すると発表したDMG森精機などである。

だが、そこで直面するのが、武田薬品工業の教訓である。

かつて日本屈指の内部留保を持っていた武田は、約2兆円を注ぎ込んで米ミレニアム・ファーマシューティカルズとスイスのナイコメッドを買収した。しかし、その成果が出る前に機関投資家から「高値でつかまされた」「業績に結び付いていない」と批判を浴び、株主への3％配当を維持するために銀行から借り入れをしなければならなくなった。超優良企業だった武田が、あっという間に手元資金を失ってしまったのである。

つまり、グローバル展開している日本企業にとって死活的かつ最も手っ取り早い成長戦略は外国企業のM＆A（企業買収）であり、そのためには巨額のキャッシュと3％配当の準備が必要となる。だから、それに備えて多くの企業が内部留保を蓄積しているわけだ。ところが、そういう企業経営の実情を知らないで「守銭奴」扱いするのが、麻生財務相らの安倍政権なのである。

日本企業を悩ませる配当「時価の3％」

いま多くの日本企業を悩ませているのが、前述したような株の配当金の問題だ。かつて配当金は額面50円の1株あたり2円とか5円というように、額面に対して配当していた。機関投資家の影響力が弱かったからである。また、昔は「配当性向」という言葉があった。利益の3分の1を配当に回すと、配当性向33％ということになる。これらはいずれも企業側の論理だとみなされるようになった。

今は配当性向という言葉を使ったら、株価が下がってしまう。機関投資家が額面や利益ではなく、「時価」に対して配当することを要求するからだ。つまり、投資家側の論理に沿って配当することが求められるようになったわけで、よほどの成長企業でない限り「時価の3%」がグローバル・スタンダードになってきている。これは企業からすると、非常にしんどいことである。

にもかかわらず、現在、多くの企業は多大な犠牲を払って3%以上を維持している。なぜなら、機関投資家は3%以上の配当があれば、事業の将来性に若干問題があっても「売り逃げない」からだ。

つまり、今の日本では、お金を銀行に預けても、10年物国債を買っても、金利は0・4%以下でしかないが、株を持っていれば3%の配当金が入ってくる。そうすると機関投資家は「運用益が3%以上あった」と胸を張れる。

逆に言えば、3%以上の配当を出せば売却する理由にならない。しかし、3%を切ったら「もっと配当の良い会社の株に切り替えよう」となってくるわけだ。

日本企業の内部留保が約380兆円にまで膨らんでいる理由の一つがここにある。

要するに、企業は「時価の3％の配当」を持続するための余力を持っていなければならないのだ。東証1部上場企業の時価総額は2016年3月末時点で約500兆円に達している。その3％は約15兆円だが、経営者としては業績が悪化した時のことや後継者に迷惑をかけたくないといったことを考えるので、せめて5年分、できれば10年分の配当余力を持っておきたい、という心理になる。

したがって、日本企業の内部留保のうち半分以上、少なくとも100兆円くらいは「時価の3％の配当」に対する備えだと思う。あとは成長するための海外でのM＆A資金と、設備投資やリストラなどに対する備えである。

言い換えれば、今や企業から見ると、株価が上がるのは嬉しくないことなのだ。なぜなら、株価が上がれば上がるほど、配当を増やさねばならないからである。企業にとって時価の3％以上の配当を出し続けるというのは大変な重圧であり、〝恐怖の物語〟でしかないのだ。

「法人税減税」は賃上げに逆効果

さらに安倍政権は、法人税を減税してやるから、それで増えた収益を賃上げや設備投資に回せと企業に言っている。これまた「マイクロ・マネージメント」であり、企業経営の基本の「キ」の字も知らない政治家と役人の浅知恵だ。

もとより人件費はコストだし、設備投資も減価償却という形でコストになる。法人税はコストを差し引いた後の「純利益」に対して課税されるので、法人税率を下げても、それで増えた収益は内部留保か配当に回るだけで、ダイレクトに従業員の給料や設備投資には回らないのだ。

むしろ経営者の心理を考えれば、法人税率を上げられたほうが「税金で持っていかれるくらいなら、給料を上げたり設備投資をしたりしよう」と考えるものだ。要するに、発想そのものが逆なのである。これは企業会計のイロハを知らない素人の発想なのだ。なぜこんなことが（経団連まで含めた）トップレベルで堂々と出てくるのか、私は不思議でしょうがない。

このほかにも安倍政権は、相続税や所得税を上げたり、法人税減税の代わりに大法人（資本金1億円超）の外形標準課税を拡大して赤字企業に厳しくしたり、欠損金繰越控除制度を縮減したり、法人の持ち株比率が5％以下の場合の課税割合を50％から80％に引き上げたり、「成長戦略」とは相矛盾する政策ばかり打ち出している。これでは景気は良くなるどころか、ますます悪化すると思う。

無知で浅薄なマイクロ・マネージメントは百害あって一利なし。安倍首相の暴走を止めないと、日本は奈落の底に落ちていくだけだろう。

海外企業は「節税スキーム」を持っている

安倍政権が成長戦略の〝目玉〟としている「法人税減税」の問題点について、この場でさらに論じたい。

日本の法人税の実効税率は国税と地方税を合わせて35・64％（東京都の場合）。政府の経済財政諮問会議は2014年5月、伊藤元重・東京大学大学院教授ら民間議員4人が「将来的には25％を目指しつつ、当面、数年以内に20％台への引き下げを目指すべきだ」

と提言し、それを受けて政府は同年6月に発表した経済財政運営の基本指針「骨太の方針」で法人税減税を明記。さらに15年度から3・29％引き下げられることになった。

政府は、法人税を安くすれば海外企業が日本に集まり、経済が活性化すると主張しており、新聞もそうした論調で報じている。

しかし、「法人税減税」は意味がないどころか、逆効果になる可能性さえある。

そもそも法人税率が高くても成長している国はあるし、低いのに成長していない国もある（図表20）。今や法人税率は、企業がどこに拠点を置くかという意思決定には、あまり関係していないのである。

なぜなら、すでに海外の企業はグローバルな節税の仕掛けを持っているからだ。

たとえば、法人実効税率が40・75％と日本より高いアメリカのアップル、グーグル、アマゾン、フェイスブックといったIT企業は「ダブル・アイリッシュ、ダッチ・サンドウィッチ」などと呼ばれる合法的な節税スキームを使っている。

詳細は省略するが、法人税率が12・5％と低いアイルランドに二つの法人（子会社）を設立（ダブル・アイリッシュ）し、さらにオランダ法人を間に挟んで（ダッチ・サンドウ

図表20 法人税減税比較と内部留保を貯める企業

◆国・地方合わせた法人税率の国際比較

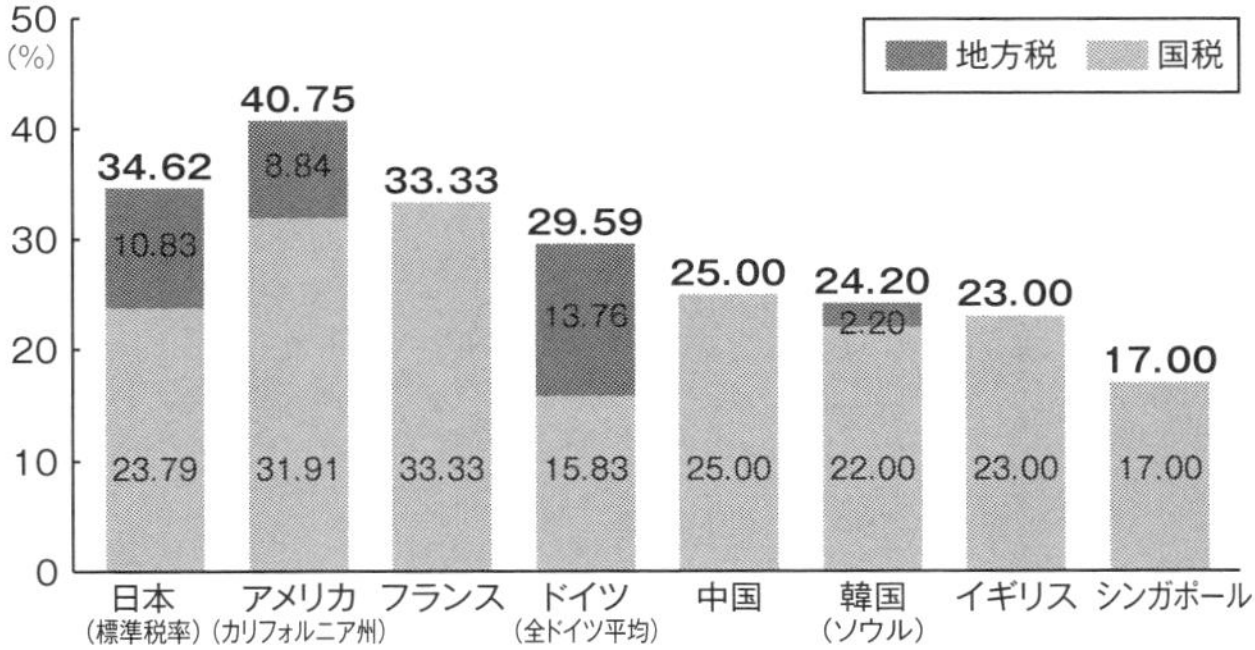

出所:財務省ホームページ

◆民間企業(非金融業)の現金・預金額の推移(兆円、年度末)

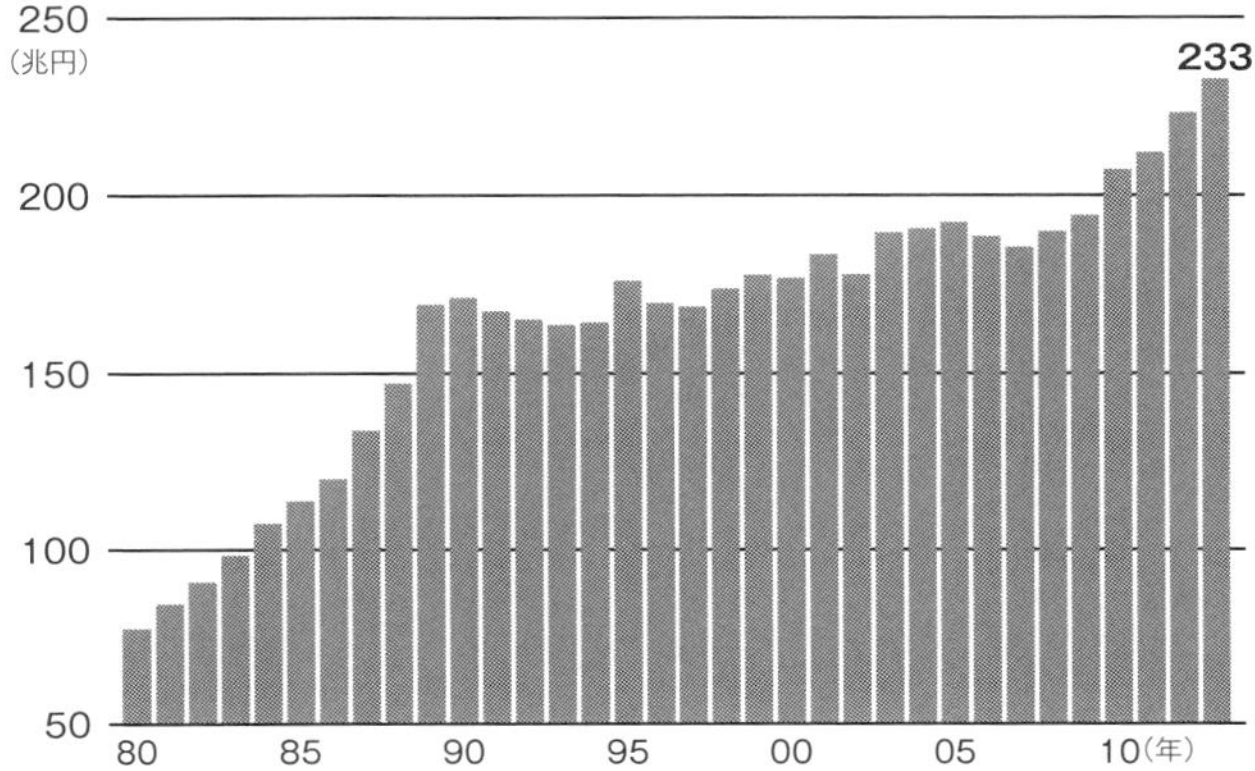

出所:日本銀行「現金・預金・貸出金」 ©BBT総合研究所

イッチ）特許や商標権などの無形資産についてライセンス契約とそれに対する支払いをやりとりする方法で、これにより実効税率は数％から10％前後になる。

新興のＩＴ企業ではスタンダードな方法で、前述の企業以外にも多くの会社がこのスキームを採用している。

「20％台」ではインセンティブにならない

ただし、会社の立ち上げからこの仕組みを前提に経営体制を構築してきた新興ＩＴ企業と違って、老舗であるＧＥ（ゼネラル・エレクトリック）など大手のメーカーや化学会社がその真似をするのは難しい。実態が変わっていないのに、急に「ダブル・アイリッシュ、ダッチ・サンドウィッチ」の仕組みだけ使おうとすると、税逃れではないかと税務当局に目を付けられるからだ。

では、彼らはおとなしく40％の税金を払っているかと言えば、そうではない。それぞれが事業形態に合わせて「世界最適課税プログラム」を構築して実効税率を下げている。

これは各国の税制と通貨の条件などを連動させ、部品や資材がどういう形で国境をまたいで移動するかといった情報を入力すると、世界トータルの法人税支払いが最小になるシステムを自動的にはじき出すプログラムだ。

グローバル企業ではそうした税負担を軽くする仕掛けがすでに確立している以上、たとえ日本が法人税率を25％に下げても、外国企業がわざわざ日本にやって来るインセンティブにはならない。25％はヨーロッパの平均でしかないし、アジアでは香港が16・5％、シンガポールと台湾は17％である。つまり、アイルランド並みの12・5％くらいに下げなければ、世界から企業を呼び込むことはできないのだ。

安倍政権が香港やシンガポールと勝負できるレベルの法人税減税を検討しているなら理解できなくもないが、いま議論されている「20％台後半」では全く話にならない。

たとえば東京都は東京都心・臨海地域、品川駅・田町駅周辺地域、渋谷駅周辺地域、新宿駅周辺地域、羽田空港跡地を「アジアヘッドクォーター特区」に指定している。そこでは法人税（国税）の所得控除や法人事業税（都税）の全額減免をはじめとする優遇措置を設け、条件を満たした場合の法人実効税率は「26・9％」になる。それによって都は2016年度までに外国企業500社以上の誘致を目指しているが、14年度に特区進出を決定した企業は8社にすぎない（東京都のホームページによれば、13～15年度までに誘致に取り組んでいるのは延べ66社）。「20％台後半」では外国企業にとって魅力がないことは、すでに明らかなのである。

日本企業の海外流出は止められない

また、法人税率を下げれば日本企業の海外移転を止められると安倍政権は言うが、それも誤解である。

企業が海外に出ていく理由は二つしかない。一つは「製造拠点にする」ことだ。その要件は、ある程度のスキルを持った人材の人件費が安く、産業インフラがそこそこ整っていて、外国企業の進出に政府の理解があるということだ。

それらの要件を満たす場所を求めて、たとえばイギリスのヨークシャーとランカシャーで花開いた繊維産業は19世紀前半にアメリカのニューイングランドに行って、次に南のアパラチアに移り、その後は太平洋を渡って日本、韓国、台湾を経て中国にたどり着いた。現在では中国の人件費も高騰し、最先端のアパレル企業はバングラデシュ、さらにはエチオピアまで行っている。いま中国の人件費は月5万円を超えてきているが、バングラデシュは月4000円。エチオピアは月2500円くらいである。繊維のような労働集約型産業は、人件費に20倍の差ができると次の国に移っていくパターンが繰り返されている。

国外に出ていくもう一つの理由は「新たな市場に進出する」ことである。いま日本企業が続々とインドやインドネシアに進出している理由は、製造拠点としてよりも成長・拡大する中間層の市場に大きな魅力があるからだ。

つまり、企業の海外移転と法人税率は、ほとんど関係がないと言える。そして企業の拠点は、ひとたび出て行ったら戻ってくることはない。これもあらゆる国の歴史が証明している事実だ。

日本では、欧米企業のように「ダブル・アイリッシュ、ダッチ・サンドウィッチ」や「世界最適課税プログラム」によって法人税を安くしようと工夫している大手企業はごく少数だ。大半の経営者は、税務当局に睨まれずマスコミにも叩かれないようにするために は高い法人税を払うのもやむなしという「我慢派」か、お国のためになるなら多くの税を払ってもいいという「名誉派」のどちらかに属している。また、アメリカの株主と違って日本の株主は「アイルランドにオペレーションを移して節税しろ」といった文句は言わない。

要するに、法人税率を20％台に下げて喜ぶのは節税能力のない経団連の大企業だけであり、海外から企業を呼び込むことはできないし、世界を見て経営しているような日本企業の海外移転に歯止めをかけることもできないのだ。

いま永田町でこういう無意味な議論をしているのは「素人」だと思う。それは「税金の素人」という意味ではなく、「企業の意思決定の現場を知らない素人」という意味だ。

安倍首相は「成長戦略の鍵は法人税率の引き下げです」と、企業の意思決定の現場を知らないブレーンの誰かに吹き込まれ、それを単純に信じて進めているだけではないだろうか。

しかも、財務省や大蔵族議員などから「法人税を減税するなら、その分の財源を手当てしなければならない」という主張が出ており、別のところにしわ寄せがいくのは目に見えている。所得税か、消費税か、お決まりのタバコ税や酒税か。それでは結局、トータルの国民負担は変わらないから、今回の法人税減税論議はますます何の意味もなくなる。

では、産業空洞化や雇用の喪失を防ぐために本当にやるべき成長戦略は何か？遠回りに聞こえるかもしれないが、それは「教育」を大きく変えることしかない。教育改革をせずに産業空洞化を防ぐ方法はないと思う。教育改革を含めた今後の成長戦略については、第3章以降で詳述するが、法人税減税に何の意味もないことだけは、ここで強調しておきたい。

「バラ撒きでない交付金」は至難の業

法人税減税と並んで、アベノミクスの成長戦略の柱に挙げられているのが「地方創生」である。しかし、結論を先に言えば「地方は創生しない」。

「失われた20年」のデフレ不況時代を経験した日本人は、いちおう物質的には充足していても、収入減や年金問題など将来の不安は増大している。このため日本全体が、上昇志向が低くて地元（自宅から半径5㎞以内の生活圏）から出ない「マイルドヤンキー」化、近所のショッピングモールで何でも済ませる「イオニスト」化、「ららぽーたー」化しているかのような状態なのだ。

そんな中で、安倍政権は2014年9月、地方の人口減少や高齢化に歯止めをかけ、地方を活性化させる「地方創生」を重要課題の一つに掲げて「まち・ひと・しごと創生本部」なるものを設置した。しかし、これは結局、自民党が竹下政権の時に全国の市町村に1億円ずつ配った「ふるさと創生」や小渕政権の時に支給した「地域振興券」と同じく、バラ撒きに終わることは目に見えている。石破茂地方創生相（当時）は、自治体が自由に使える交付金を配る場合はバラ撒きにならない仕組みを作ると述べたが、至難の業だろう。

なぜなら、私はアメリカのUCLA（カリフォルニア大学ロサンゼルス校）で「地域国家論」の講座を担当していて世界各国の事例を調査・研究しているが、世界中どこでも20世紀以降の課題はアーバニゼーション（都市化）であり、地方が創生した例はないからだ。

「地方創生」は万策尽きた証左である

振り返れば、日本は所得倍増計画を掲げた池田勇人政権が1962年に第1次の「全国総合開発計画（全総）」を策定して以来、「国土の均衡ある発展」をスローガンに、98年の第5次まで全総を継続した（2005年からは全総に代わる「国土形成計画」を策定）。

だが、中央から地方にカネを注ぎ込んでうまくいったのは日本が中進国だった高度成長期だけで、その後は大半の地方が中央からの交付金や補助金に依存するようになり、自助努力をしなくなって衰退した。これは自助努力をするための権限委譲が全く進んでいないのだから当たり前と言えば当たり前の帰結であり、もはや地方創生は他の国よりもはるかに困難になっている、と思わねばならない。

そもそも「国土の均衡ある発展」は、とっくに達成されている。私は14年だけでもレンタカーで九州を2回周遊し、北海道を800km縦断し、バイクで四国を1500km、長野―富山間を640km走ってきた。どこも道路をはじめとする社会インフラは、クマとタヌキしか出ないような山の中までくまなく整備されていた。ところが、それらの地方に「自前の経済エンジンを作って稼ぐ」という発想はない。中央からのカネで食べさせてもらうことが、習い性になっているからだ。

安倍首相が本当に地方を活性化させたいなら、〝上から目線〟ではなく、地方が真の意味で自立して食べていけるように、中央集権の統治機構を根本から造り替える必要があるのだが、その構造的問題を全く理解していないのである。

自民党は〝アンコール〟の声がかかるたびに「日本列島改造」だの「ふるさと創生」だの「地域振興」だのと名前を変えて地方にカネをバラ撒いてきたわけだが、その効果が全くないことは、すでに歴史が証明している。にもかかわらず、安倍政権が「地方創生」を国策として大々的に打ち出したということは、結局、成長戦略のアイデアが尽きた証左にほかならない。このままでは日本経済は、構造的な変化に対処できずに倒れていくしかないだろう。

株価上昇〝アベクロバブル〟の正体

それでも、安倍政権下で実際に日本の株価が上がり、市場も活況を呈しているではないかという反論があるかもしれない。だが、それは政府によってつくられた〝アベクロバブル〟にすぎない。

株価が上がった理由の一つは、前述したように、多くの企業で株の配当金が「時価の3%」程度になっているため、機関投資家は金利が0・4%以下の銀行に預けたり、国債を買ったりするよりも、株を持っていたほうが高い運用益を得ることができるからだ。つまり、とりあえずは株を買ったほうがよいだろうということで、生命保険会社などの機関投資家や金融機関が資金を株にシフトしているのだ。

そして、株価が上がったもう一つの要因は、アベノミクスを下支えするための〝官製相場〟、すなわち公的年金を運用するGPIF（年金積立金管理運用独立行政法人）などの公的資金によるPKO（プライス・キーピング・オペレーション）である。

たとえば、すでにGPIFは資産約140兆円の25％を国内株式に投資しているが、さらに国家公務員共済組合連合会など3共済が、GPIFに足並みをそろえると発表した。3共済の運用資産は計50兆円以上で、GPIFを合わせると総額約190兆円に上り、GPIFと3共済は国内株式25％、外国株式25％、国内債券35％、外国債券15％という資産構成の共通目標を設定すると報じられている。ゆうちょ銀行やかんぽ生命なども株シフトしているので、これら「巨鯨」と呼ばれる機関投資家が、まだまだ株を買い増すことになる。

株は上昇局面では、買いが買いを呼ぶ〝連れション現象〟が起きる。しかも、前述したように機関投資家や金融機関は、他に買うものがないので株を買っている。そういう日本の株式市場の事情を見通した外国の機関投資家やヘッジファンドなども買いに入っている。だから日本の株価が上がったのだ。これはバケツに水を入れるのと同じで、物理現象なのである。今のところ〝高所恐怖症〟で警戒感の強い投資家に空売りで仕掛けているファンドなどは、巨鯨の〝食欲〟を見誤って大損している。つまり、投資家の常識が通じないくらいの〝官製相場〟になっているのだ。

その一方で、日本の個人金融資産1700兆円は、まだほとんど株にシフトしていない。相変わらず8割が超低金利の銀行預金や郵便貯金、生命保険などに留まっている。しかし、そのお金は間接的に株に行っているわけで、無関係ではありえない。なぜ、いま個人が株に向かわないのか、株式市場に無頓着でいられるのか、私は不思議でならない。

いずれ来たる「暴落」にどう備えるか

株価は必ずどこかで下がるし、上げ幅が大きいほど下げ幅も大きくなる。それは日本が25年前のバブル崩壊、15年前のITバブル崩壊、さらにわずか7年前のリーマン・ショックで痛いほど経験してきたことである。

たとえば、バブルの時、日経平均株価は1989年12月29日の大納会の日、終値で3万8915円の史上最高を記録した。多くの経済アナリストは「90年春あたりに4万円を突破する」と予測し、なかには「6万円台まで行く」とぶち上げる証券会社もあった。しかし、株価は90年に入ると下がり、10月に暴落した。誰もがバブルに酔って感覚を麻痺させていたわけで、これはITバブルの時もリーマン・ショックの時も全く同じである。その教訓を忘れることなく、冷静に相場の動きを読むべきだと思う。

その冷静さを教えてくれる〝賢人〟は、アメリカにいる。いま実体経済は日本よりもアメリカのほうが伸びているが、世界最大の投資持株会社バークシャー・ハザウェイを率いるウォーレン・バフェット氏は、2015年2月の株主総会で公開された「株主に対する手紙」の中でこう警鐘を鳴らしている。

もはやアメリカ企業といえども、大きな成長機会はない。したがって、バークシャー・ハザウェイも過去に達成してきたような数字に近づくことはできないだろう。そのことをわかってほしい――。

「オマハの賢人」と呼ばれる凄腕投資家のバフェット氏でさえ、もう従来のような高い利率では運用できない、と明言しているのだ。アメリカ企業に大きな成長機会がないとなれば、少子化による人口減少で今後ますます国内市場が縮小する日本企業はなおさらだろう。

にもかかわらず、いま日本の機関投資家は配当しか見ていない。本来、株価は何で決まるのか、その会社の妥当な株価はいくらなのか、という計算を忘れ、「配当が時価の3%」という理由だけで買い進んでいる。〝企業の価値〟を信じて買っているわけではない。だから、誰かが「身の丈に合っていない株価だ」と指摘したら、その途端にみんなが目覚めて急落する。最初に売るのは、言うまでもなく外国の機関投資家やヘッジファンドだ。彼らは「やばい」と思ったら、瞬時に売り抜ける。会議体（合議制）で運用するGPIFなどの場合はそれができないので、株価が暴落すれば、我々の年金や貯蓄が危機にさらされることになる。

では、株を持っている個人は、いつか必ずやってくる暴落にどう備えればよいのか？これまでの株価上昇局面ではインデックス買い（日経平均株価やTOPIXといったマーケットの指数に連動するように保有銘柄を買い付けること）でもよかったが、今後は銘柄をバラしていかねばならない。インデックスだと日経平均株価が暴落したら、逃げられないからである。株式投資の基本を忘れず、自分でPERやEBITなどの指標で判断して個別銘柄を選んでいれば、大やけどはしないはずだ。もっとシリアスな国債暴落というシナリオに備えるなら、インデックスだけでなく、インフラ銘柄などもリスクが高い。より消費者に近い食品業界や日用品業界の強い会社を買っておいたほうが賢明だ。

そして、下落局面に備えて投資の「3分法」を頭に入れておくべきだろう。「やばいかな」と思ったら3分の1を売り、下がり始めたらさらに3分の1を売り、大きく下がってきたら最後の3分の1を売る手法だ。ここから先、〝アベクロバブル〟がはじけた時に逃げ遅れないためには、嗅覚の鋭い外国人投資家の動きを注視しなければならない。

残る選択は「戦争」か「消費税20%」か

では、このままアベノミクスのメッキが剝がれ、経済成長率の目標が達成できないことが露呈したら、どうなるか？　本章の前半で述べたように、日本国債が暴落し、ハイパーインフレになる可能性が非常に高い。その上、消費税率10%への引き上げを見送ったため、なおさらその可能性が高まっている（増税して景気が低迷すれば過去20年の低迷がそのまま続くだけで、そのほうがダメージは少ない)。

ハイパーインフレを避けるためには、1000兆円を超えた国の借金を返すメドをつけなければならない。その方法は、前述した三つ——①戦争を起こす、②ギリシャのように国の歳出を4割削減する、③消費税を20%にする——のいずれかだ。それらがすべて無理なら、ハイパーインフレにならざるを得ない。

ハイパーインフレになれば、モノやサービスの価値が上がってカネの価値が下がるから、国の借金は消えていく。カネの価値が10分の1になれば借金も10分の1、100分の1になれば100分の1になるわけだ。そしてそれは国がやらなくても、市場による国債暴落という形で現実になる。

そんな暗いシナリオは現実的ではないという反論もあるだろうが、これは決して悲観論ではない。いま日本人が考えるべきは、まず現状の厳しさを正しく認識し、その原因を共有して対策を自分たちの頭で考えることである。アベノミクスのような浮ついた楽観論で対処できる問題ではない。

過去の海外の例を見ると、ハイパーインフレで最も地獄を見るのは、年金受給者など決

図表21 日本経済「ハイパーインフレ化」のシナリオ

◆ハイパーインフレになった場合の影響と対策

	影響	対策
年金受給者	・最も打撃が大きい ・決まった額で年金を受給するため買えるものが無くなる ・タンス預金・定額預金も紙屑同然に	・資産を、キャッシュを生む不動産（好立地のマンション）、株などへとシフトさせる
働き盛りの若い世代	・住宅ローンなどの借金を抱えている人は負担が軽くなる ・給料は、少し遅れながらもインフレ率にスライドして上昇	・企業のリストラ・倒産が増えるため、個々の「稼ぐ力」を磨く（自己投資をする）
企業	・手元資金を現金でおいていたら、紙屑化するリスク・借金負担が軽くなる	・手元資金を、将来に向けて有効に活用する（設備投資、研究開発、M&Aなど）

©BBT総合研究所

まったお金で生活するしかない人々だ。カネの価値が下がっても、受け取る金額は同じだからである。定期預金やタンス預金も紙屑同然になってしまう。資産を持っている人はハイパーインフレに備え、キャッシュを生む不動産（好立地のマンションなど）や株にしておくべきだろう（図表21）。

逆に、ハイパーインフレは働き盛りの若い人々にとってはプラスである。なかでも住宅ローンなどの借金を抱えている人は、負担がうんと軽くなって得をする。若い人の給料は、少し遅れながらもインフレ率にスライドして改定されていくから、なんとかやりくりできるだろう。

ただし、企業の倒産やリストラは増えるので、個々人の「稼ぐ力」が試される。ハイパーインフレになっても路頭に迷わないためには、常に（ハイパーインフレに最も強い投資である）自分自身の「稼ぐ力」を磨いておくことが肝要なのだ。

次章では、アベノミクスに頼らない、新たな成長戦略を提言する。

第3章〈新・経済対策〉

「心理経済学」で考える成長戦略

あまりにお粗末な規制改革会議

安倍晋三首相と日銀の黒田東彦総裁による「異次元の金融緩和」によって急激な円安が進んだ。日経平均株価も、ITバブルごろの水準まで回復したことを受けて、「アベクロ景気だ」「いよいよ景気回復が始まった」と一時はマスコミも浮足立った。だが、そういう楽天的な見方は的外れだ。これは単に日銀が物理的にお金の供給量を増やしただけで、その当然の結果として円が安くなり、お金の行き場所が株式くらいしかないから株価が高くなったにすぎない。いわば〝小春日和〟の仮需景気である。

第1章、第2章で見てきたような難問を克服して、日本がマイナス成長からプラス成長へと転換するには、よほど思い切った施策が必要だ。

安倍首相の経済政策「アベノミクス」では、金融緩和と財政出動に続き成長戦略を「3本目の矢」と位置付けているが、政府の産業競争力会議や規制改革会議の議論を見る限り、新しい発想やアイデアは見えてこない。たとえば、産業競争力会議は「農業」の輸出拡大・強化を掲げているが、産業規模から見てもピント外れと言わざるを得ない（私なりの農業改革については本章で後述する）。規制改革会議は「過去に改革論議があった59項目」を論点にするというお粗末さだ。

かつては日本の成長産業と言われたゲームやアニメなどの分野も、ことごとく海外勢に追いつかれ、追い越されてきている。とくにゲーム産業は、コンソールゲーム機が主流の時代は任天堂とソニーが世界市場の大部分をコントロールしていたが、今では主戦場がゲーム機からスマートフォンに移ったため、その変化に対応できなかった両社も苦境に陥った（大ヒットとなった「ポケモンＧＯ」がアメリカ発なのは象徴的）。

都心大規模再開発プロジェクトを

では、日本はどうすればよいのか？　私が提案したい「経済成長のための思い切った施策」の一つは、個人金融資産１７００兆円がすぐに市場に出てくるように促すことだ。

そのためには、年金支給開始年齢の引き上げなどによる中高年者の老後の金銭的不安を取り除き、資金を消費に向かわせる工夫が必要となる。彼らは貯蓄を取り崩すことを嫌う世代だから、今ある資産を使ってキャッシュフローを生み出せるような施策を考えなければばならない。それは大胆な規制撤廃によって実現可能である。

具体的な一つの方法は「都心大規模再開発プロジェクト」だ。かねてから雑誌連載などでも提言してきたように、大都市の都心部については容積率や建蔽率の制限を他の国並みに大幅に緩和するとともに、先進国では特異な制度である日照権（建築物の日当たりを確保する権利。近隣に高層の建築物が建てられて日当たりが阻害されると予想される場合、建設中止の仮処分申請や損害賠償訴訟を起こす根拠となる）を大都市の中心部では今後30～40年は棚上げにするという案である。

日照権を基に各自治体が条例で建物の形状などを規制しているため、容積率や建蔽率を緩和しても、日照権がある限り、建物の高さや形が大きく制限されている。

たとえば容積率が現在の2倍、建蔽率が一般的な60％から80％になって、日照権も気にしなくてよいとなれば、建物の床面積は2倍以上になる。その増えたスペースを賃貸に出し、キャッシュフローを生み出すのである。そこで重要なのは、建て替え資金を調達するため、個人にも企業と同様のＡＢＳ（アセット・バックト・セキュリティ／資産担保証券）の考え方を導入することだ。

家主となる人たちが「将来得られると期待される賃貸収入」を裏付け（担保）にして、資金を調達できるようにするのである。そうすれば自分の貯蓄を取り崩さず、金融機関から資金を借りて建て替えることができるわけで、この仕組みを作ることが銀行に眠っている過剰貯蓄を市場に出す最も効果的な方法だ。

繁栄の鍵は「土地の使い方」にあり

しかも、それによって膨大な建築需要とインフラ、インテリア、家電など関連産業の需要拡大が見込める。そして大都市の中心部に新たなスペースが生まれれば、郊外に住んでいた比較的若い世代が続々と移り住んでくる。都心回帰は、サラリーマンの通勤時間が大幅に短縮され、余暇を楽しむ余裕を生むというメリットもある。

大都市の再開発を可能にした上で、土地の使い方を地方自治体に任せることも重要だ。今は工業地域や農業地域、港湾区域、市街化調整区域など、用途が国の縦割り行政によってがんじがらめになっている。

繁栄の鍵を握っているのは、土地の使い方である。それをすべて地方自治体に任せれば、全国各地で繁栄の競争が始まり、日本中の大都市で再開発ブームが巻き起こるだろう。それこそが真の地方自治である。

地方活性化の話題としては、橋下徹・大阪市長（当時）が大阪湾の人工島「夢洲《ゆめしま》」にカジノを含むリゾート施設を誘致するため、海外のカジノ資本と話し合いを進めているというものがあった。発想は悪くないが、具体策は落第だ。カジノは世界的に見れば斜陽産業である。マカオとシンガポールは例外的に栄えていたが、すでに一時の勢いを失っている。もともとこれらのカジノが栄えていたのは、中国の役人がマネーロンダリングに使っていたからだが、習近平政権の汚職摘発強化によって鳴りを潜めてしまった。そうした事情を知らずにカジノを誘致しても、失敗するのがオチである。カジノではダメだが、全国の広大な土地を活用しつつ、法人税をはじめとした様々な制度・規制を地方に一任して見直せば、外資を呼び込んだり、アジアの起業家の拠点になったりして、一気に日本経済は活性化する。

15年後の日本に必要な施策とは何か

大胆な規制撤廃には副作用が伴うことも事実である。前述の都心大規模再開発プロジェクトを実行すれば、大都市以外の地方は、人口が減少して寂《さび》れるところも出てくるだろう。あるいは、雇用規制を撤廃して企業が社員を解雇しやすくすれば、一時的に失業者は増えるかもしれない。

かつて海外で徹底的な規制撤廃を断行した代表的な例は、イギリスのマーガレット・サッチャー元首相とアメリカのロナルド・レーガン元大統領だが、2人とも規制撤廃の結果として新産業や雇用が生まれる前に失業の山が生まれ、改革のマイナス面しか出ていない時に批判を浴びて政権の座から石もて追われた。規制緩和の効果が出て新しい産業が生まれ、景気が回復し、雇用が増加するまでには、イギリスもアメリカも約15年の長い年月を要したのだ。

その冷厳な事実を踏まえると、アベノミクスの「3本目の矢」は、まず短期的な効果を出すために前述した都心部の規制撤廃を推し進め、経済を浮揚させながら15年後の日本に必要な施策を打ち出す。この二つの「時間軸」を念頭に置いた抜本的かつ徹底的な改革を断行していかねばならない。明日の票にはつながらないかもしれないが、今の日本の政治家には、そういう時間軸で考える視点、国家ビジョンこそ必要なのだ。

残念ながら安倍政権を見ていると、日本をどういう国にするかという確たる構想も、目の前の痛みを受け入れる勇気も覚悟も見受けられない。外国人人材の受け入れを緩和するなどの「国際戦略特区」を創設する方針を打ち出したが、この程度の規制「緩和」ではまだまだ小粒であり、不十分だ。規制は「撤廃」するくらいでなければ新しい産業が生まれてくることはない。

どうも日本は政治、経済、社会すべての領域で「引きこもり」症状が悪化しているように見える。アベノミクスも自国民の税金を使って財政出動したり、日銀と銀行の間で国債とキャッシュをやり取りしてコップの中の水をグルグルかき回したりしているだけでは、実体経済が上向いて景気が良くなることはない。

政府が数多く設置した会議の提案では、豪華な幕の内弁当のように〝改革〟の項目が羅列されているが、改革は一つに集中するくらいでなくてはうまくいかない。二つあれば、「時間軸」をずらして進めるべきである。

「東京一極集中」が地方消滅危機を救う

出産年齢の中心である20〜39歳の若年女性が半減することにより、全国1800自治体の半分にあたる896市区町村が2040年に「消滅」の危機に直面する——という衝撃的な試算を、14年5月に有識者らでつくる民間組織「日本創成会議」の人口減少問題検討分科会が発表し、話題となったのは記憶に新しい。その対策の一つとして、同分科会は東京一極集中の是正を提言している。だが、私は、東京一極集中は日本のためには望ましいことであり、さらに加速すればよいと考えている。

なぜなら、東京は世界で最も公共交通網が発達した都市だからである（図表22参照）。とくに地下鉄網はまさに網の目のように張り巡らされ、それが私鉄に乗り入れてJRともリンクしている。こんな都市は、世界のどこにもない。

東京都環境局によると、山手線地域内では駅から徒歩5分圏内の範囲が64％を占め、徒歩10分圏内ならほぼ全域がカバーされる。おそらく電車による移動が世界一便利な都市と言っても過言ではないだろう。

したがって東京は人が集中していても、通勤・通学時の新宿や渋谷、東京、池袋などの巨大ターミナル駅以外は、さほど混雑感がない。しかも、高層ビルが増えているので、昼間人口が増加しても吸収できている。吸収できないほど大量の人々が都心部に流れ込んできたら、普通はスラム化するのだが、東京の場合は大半の人々が朝、通勤・通学で山手線の外側から都心部に来て夕方以降は帰っていくため、夜間人口の増加は緩やかでスラム化していない。これは世界の大都市では唯一無二の例だと思う。

実際、東京一極集中に歯止めがかかる気配はなく、最近は首都圏の神奈川県、埼玉県、千葉県からも東京都内に転居する人が増えている。

2013年の都道府県の人口増加率は東京が全国1位の0・53％で、4位の埼玉県の0・14％、神奈川県の0・13％を大きく上回り、9位の千葉県にいたってはマイナス0・04％と減少している。かつて東京のベッドタウンだった埼玉県のさいたま市以遠、神奈川県の横浜市南部や横須賀市、千葉県の千葉市以遠などは人口減に歯止めがかからない状況だ。地方は逆に「憩いの場」として再生すべきだと思うが、それについては後述する。

図表22 日本の大都市は「容積率緩和」でさらに強化できる

◆日本の大都市の特徴

- 日本は、世界的に見てスラムがないという特徴がある
- 私鉄が発達しているためである

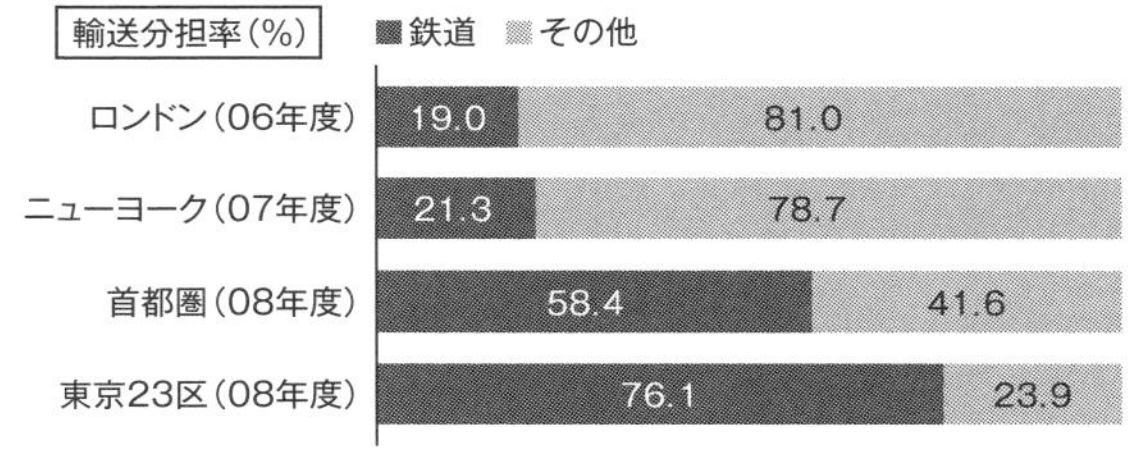

出所:国土交通省「国際競争力の強化に係る社会資本に関する国際比較」

◆都市圏の容積率比較(%)

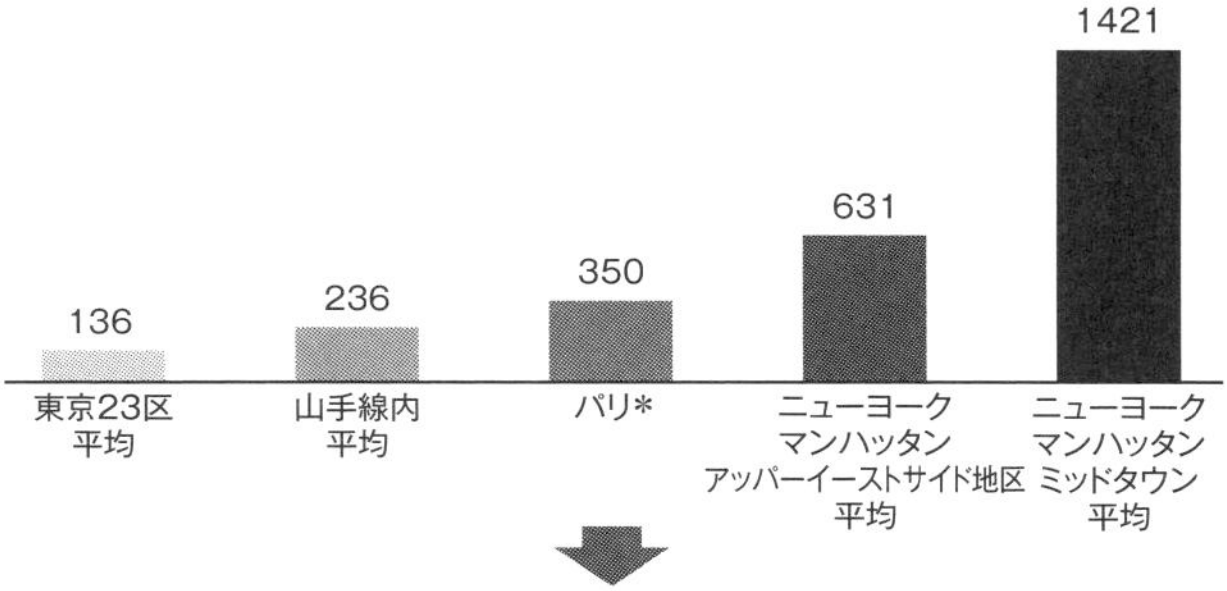

東京(大都市)の容積率を緩和すれば、建設ラッシュが起き、世界からマネーが集まるようになる

*パリの容積率は規制上限

出所:森ビル都市再生プロジェクトチーム「都市のチカラ　超高層化が生活を豊かにする」
国土交通省「首都高速の再生に関する有識者会議　提言書　参考資料集」　©BBT総合研究所

NYやパリよりも余裕がある東京

東京でもとくに千代田、中央、港の都心３区は超高層マンションが続々と建設されたことによる人口増加が著しい。いわゆる「都心回帰」である。

なかでも中央区は、２００５年の国勢調査で00年比の人口増加率が35・６７％で全国１位、10年の国勢調査でも05年比の人口増加率が24・８３％と全国２位だった。年齢別の人口構成を見ると30代・40代の転入が多く、その理由は、25年前は片道平均１時間20分、今は同45分の通勤時間を30分以内に短縮できるからだと考えられる。リタイアしたシニアたちも郊外から都心回帰している（定年退職して都心に通勤する必要がなくなったら都心に引っ越すという不可解な現象だ）が、中央区の高齢化率は23区内で最低の16・５％だ。

この東京一極集中・都心回帰の動きは、これからますます加速するだろう。なぜなら、後述するように、東京都心の屋根の上（空中）にはニューヨークやパリなどに比べるとまだまだ余裕があり、私が以前から提案している容積率緩和を実行して湾岸エリアのマンハッタン化などを進めれば、今は山手線の内側で平均３階建て以下でしかない建物の高さを

2倍の6階にすることは容易だからである。それに定期借地権を組み合わせたら、東京都心部のマンション価格は現在の半分くらいになるはずだ。

つまり、容積率を緩和するだけで山手線の内側に現在の2倍の人口が安く住めるようになるわけで、そうすると、その人たちは前述したように駅まで徒歩10分圏内になるから、通勤の負荷が極めて軽くなる。徒歩通勤や自転車通勤が可能になる人も増えるに違いない。この〝首都圏逆ドーナツ化〟の動きは加速することはあっても、反転して郊外に人が戻ることはないだろう。

湾岸エリアの土地を「塩漬け」にする愚

東京湾岸を走る新交通システム・ゆりかもめに乗って「市場前駅」に差しかかると、運河を挟んだ北側にも南側にもだだっ広い土地が見えてくる。北は晴海、南は有明。この広大な土地こそ首都・東京の起爆剤になり得るのだが、残念ながらこの国には「都市づくり」のビジョンを持つリーダーはいないようだ。

舛添要一・前東京都知事は2014年の就任時に「2020年の東京オリンピックを史

上最高の大会にする」「晴海の選手村は再生エネルギーで運営したい」「オリンピックまでに首都高速の全面改修をする」などと高らかに宣言した。

だが、それを聞いて私は悲しくて仕方がなかった。なぜなら東京を生まれ変わらせる可能性を秘めた貴重な湾岸エリアの土地が2020年まで〝塩漬け〟にされてしまうからだ。

東京都の計画は、晴海に選手村として約5000戸分の中層の建物を造り、オリンピック後はそれを民間住宅にそのまま転用するという矮小なものである。豊洲に移転する築地市場の跡地利用にいたっては、バラ売りばかりでまとまったものはまだ何も決まっていない。

晴海と築地市場跡地、勝どき、豊洲、そして体操競技場や自転車競技場などのオリンピック関連施設が建設される予定の有明を含めた湾岸エリアは、東京の最後のフロンティアと言える。この土地こそ、真の国際都市として首都を再生させる一大拠点になりうる唯一無二の場所なのだ。

仮に湾岸エリアを世界中から人・カネ・モノ・情報を（オリンピックの約2週間だけではなくずっと、そして毎日）呼び込むための「職住接近24時間タウン」として一体的に再開発すれば、首都の風景は一変するはずだ。

具体的には、外資系企業が来たくなるような住環境・生活環境・教育環境（高級住宅地、奥さんの仕事場や集まれるコミュニティ、インターナショナルスクールなどの学校、教会など）が整った魅力的な街にする。そしてアメリカ・シリコンバレーのスタンフォード大学があるパロアルトのように、斬新なアイデアを持った若者たちと投資家や弁護士、インキュベーターなど起業プロフェッショナル集団との出会いの場となる街にすることを提言したい。

シリコンバレーから次々と世界的企業が生まれているのは「ふれあいの場」の力があるからだ。チャレンジ精神あふれる人が世界中から集まり、交流するうちにアイデアが生まれて新しいサービスとなり、そして投資機会をうかがうキャピタリストと出会う——。そうしたサイクルが出来上がっている場所だと言える。

そういう場所を東京に作るためには、ゼロから街づくりをすることが必要であり、かつ都心に近いことが重要だ。東京で可能なのは数十万ヘクタールという広大な土地があり、しかも多くが都有地である湾岸エリアしかない。実現すれば、ここからグーグルのような世界を変える企業が生まれることも期待できる。

そうした都市計画・街づくりの大きなビジョンを打ち出すのがリーダーの役割だと思うが、残念なことに「東京オリンピックのため」という、わかりやすくて目立つ話の中でしか再開発プランが語られないのが現状だ。

ブロック単位の改造で災害に強い都市に

巷《ちまた》には「東京オリンピックが日本の景気回復の引き金になる」と、はしゃぐ人たちがいる。東京オリンピックの経済効果について、東京都は約3兆円（関連施設整備費や運営費などに限定）、みずほ総合研究所は波及効果を含めて約3・5兆円と試算しているが、それにとどまらず、竹中平蔵・慶應義塾大学教授が所長を務める森記念財団都市戦略研究所は、訪日外国人の増加や宿泊施設の建設増加、鉄道や道路の整備、都市開発の前倒しなどを加味した波及効果を約19兆4000億円と見積もっている。さらには大和証券の「150兆円」という破格の試算もある。これは「道路の拡幅工事や首都高補修など建設関連で約55兆円＋民間投資や雇用誘発効果、観光業の拡大などで約95兆円」というものだ。

しかし、オリンピックは１９６４年の日本や88年の韓国、２００８年の中国のような途上国にとっては鉄道や道路などのインフラ建設がその後の経済発展を支えることにつながるが、１９８４年のロサンゼルスや２０１２年のロンドンを見ればわかるように、すでにインフラが整った先進国の場合はシンボル的なハコモノが一つか二つできるだけで、経済誘発効果は期待できない。たとえば、舛添前都知事が表明した首都高速道路の改修は国土強靱化と同様、新しいインフラを建設するのではなくて今あるものを修繕・強化するだけだから、経済へのインパクトは（改修に使ったカネ以外は）ほとんどないだろう。

そもそも首都高改修はオリンピック開催に関係なくコンスタントに進めていくべき仕事であって、オリンピックを口実にやるのは本末転倒だと思う。また、オリンピックで訪日外国人が増えると言うが、それはほんの２週間のことで、その後も東京がイベント経済で栄えるわけではない。

都知事は都政の優先順位を間違えてはいけない。

重要なのは、東京を真の国際都市にすると同時に、地震をはじめとする災害に強い都市にすることだ。首都直下型地震は、いつ起きるかわからないが、いつか必ず起きる。それに対する備えを万全にしておくのが知事の務めだろう。

まずやるべきは「液状化対策」だ。東京都が公表している「液状化予測図」によると、液状化の可能性が高い地域は足立区（約19㎢）、江戸川区（約14㎢）、葛飾区（約12㎢）、大田区（約11㎢）の4区に集中している。これらの地域は人口が密集している住宅地でもあるので、早急に対策を講じる必要があろう。

もう一つは、街並みが雑然としている下町の再開発だ。江東区や台東区、葛飾区などの下町は低層の木造家屋が建て込んでいて道路が狭く、消防車も入れない路地が入り組んでいる所が非常に多い。そういう地域は、街が碁盤の目状になっているニューヨークや京都のように「ブロック」のコンセプトを導入し、たとえば100×150mくらいのブロック単位で地盤強化も含めた再開発を進めていくべきだと思う。

ブロック化することによって道路が広くなり、上下水道や電線、光ファイバーなどを地震に強い地下に埋設することができるし、公園や緑地、広場などのオープンスペースも生まれて首都らしい景観になる。さらに、ブロックごとに非常用発電機を設置し、水や食料品などを備蓄すれば、災害に強い街ができる。そういう新たな都市計画を、東京は最も災害に弱い下町からスタートさせるべきだと思う。

「外部経済」活用で税金を使う必要なし

しかも、地価が高くて人口が多い東京の場合は、再開発を行なう時に「外部経済」を活用することができる。

容積率から見ると、現在、山手線の内側の建物の高さは、前述したように平均3階建て以下だ。それをブロック化して、たとえばパリ並みの6階建てを基準に建設すれば、もともとの地権者（土地の所有権、または借地権などを有している人）の所有分を除いても、新たにできたビルの床面積の半分以上は売却（もしくは賃貸）できるので、再開発費用はすべて自己ファイナンスで賄うことが可能になる。6階建てでコストが合わなければ、7階建て、8階建てとコストが合うまで高くして床面積を増やせばよい。これは都がその気になればできることだ。

地盤強化や生活インフラなど共有部分に必要な最初のシードマネー（着手資金）を東京都が負担したとしても、完成すればそれ以上のお金が売却で返ってくるから、それが次の再開発を行なう原資になる。ほとんど税金を使わずに東京の造り直しができるのだ。もともと「外部経済」とは、経済活動の便益が当事者以外にプラスに及ぶことをいう。この場合は都市が空中方向に拡大することによって個々人の不動産取引が全体のメリットを生み出すわけである。

実際、渋谷区は民間資金を利用して区庁舎と渋谷公会堂を区の費用負担なしで建て替える。区庁舎の敷地の一部を37階建て・高さ120mの高層マンションの建設用地として貸し出し、それで得た収入を15階建ての新庁舎と2000席を備える新公会堂の建設費に充てる計画だ。

この再開発手法の肝は、建蔽率と容積率を大きく緩和する点にある。私はこれまでにも東京都心部における建蔽率や容積率の規制はナンセンスだと主張してきたが、都知事は東京再生のために思い切った規制緩和を実行すべきである。

地権者にもメリットがある再開発を

ただし、市街地再開発には今のところ大きなハードルがある。それは「地権者の同意」

だ。現行の都市開発法に基づく市街地再開発は事実上、100%の地権者の同意が必要となる。逆に言えば、地権者の中に1人でも反対者がいたら実行できないのである。だから森ビルが手がけた再開発事業は、着手から竣工までにアークヒルズと六本木ヒルズが約20年、表参道ヒルズが40年近くもかかった。

私はブロック化による市街地再開発については、地権者の過半数、少なくとも3分の2以上の同意があれば事業を進められるように制度を変更するのが望ましいと思う。今のまま再開発が進まなければ、もし首都直下型大地震が発生したら液状化の可能性が高い地域は建物が倒壊し、下町は阪神・淡路大震災の時の神戸市長田区のように火の海になってしまう恐れがある。

地権者は再開発ビルが完成するまでの2～3年は別の場所で暮らしたり、仮店舗で営業したりしなければならないが、それ以降は従来よりはるかに安全・安心で快適な生活を費用負担ゼロで手に入れることができる。また、再開発事業に参加しない転出希望者は、現在の資産について金銭で補償を受けられる。いずれにしても客観的に見れば、地権者にデメリットより大きなメリットがあるのだから、過半数もしくは3分の2以上の同意で再開発できるという、いわば〝冷たいルール〟にしてもよいのではないか。

リーダーの仕事は「方向性を決めて実現する」ことだ。舛添氏に代わって就任した小池百合子都知事にも首都のリーダーとして以上の二つ、すなわち①湾岸エリアの一体的開発、②液状化する可能性が高い軟弱地盤の上に低層の木造家屋が密集している下町のどこかでブロック化による市街地再開発の先行事例を作ることに取り組んでもらいたい。

一つか二つの先行事例ができればメリットが明確にわかるので、それを見た他の地域の地権者たちも、先を争って再開発を希望するに違いない。そうなれば、向こう20年間は民間資金による再開発ビルの建設が止まらなくなり、オリンピックどころではない莫大な経済効果も期待できる。

都心回帰した人が週末は田舎で遊ぶ

これまで述べてきたような都心の再開発によって、東京一極集中はますます進むだろう。東京一極集中の弊害としては、地方経済のいっそうの低迷や、税金の問題が挙げられる。つまり、東京ばかり税収が増えて、他の多くの地方自治体は税収が伸びないということだが、これは「都心回帰」の傾向を逆手にとって、土日や休日には「都心脱出」するという発想を広げていけばよいのではないかと思う。すなわち、「都市の役割」と「田舎の役割」を明確に分け、ウィークデーはずっと都心にいる人々に対し、東京は「仕事の場」、田舎は「憩いの場」と割り切ってオンとオフを切り替える新たな生活を提案するのだ。

たとえば、ニューヨークやロンドン、パリの住民の多くは、週末は郊外のウィークエンドハウスでのんびり自然を楽しむ。モスクワの人たちも、週末は「ダーチャ」と呼ばれる郊外の農地付き別荘に行っている。多くの東京都民のように、自宅にいたままゴロ寝や近所への買い物、散歩に出かける程度でのんべんだらりと過ごすことはない。

だから、今後は東京から電車で1時間半以内の自然が豊かなところや風光明媚なところは、ウィークエンド型の別荘や農園を売り物にして東京都心の住民を呼び込むことを目指したらよい。そうすれば都心住民が1週間のうち2日余りをそこで過ごして消費するから、東京のGDPの7分の2以上が振り分けられて、地方が経済成長できる可能性があると思うのだ。

東京から電車で1時間半の範囲は、新幹線まで使えば非常に広がる。三浦半島全域や伊豆半島と房総半島の半分くらいはもとより、西武池袋線・西武秩父線なら西武秩父、東海道新幹線なら静岡、上越新幹線なら越後湯沢や浦佐、東北新幹線なら宇都宮や福島、北陸新幹線なら佐久平や上田まで行ける。それらの地域は定住者を増やすことより、便利な電車と安くなった不動産を活用して東京からのウィークエンダーを呼び込むプロジェクトに取り組んだほうが賢明だと思う。その場合、鉄道各社に協力を求め、「ウィークエンド定期」のような特別な割引料金を設定することも必要だろう。

以上の提案は東京だけでなく、全国各地の政令都市クラスと周辺地域についても共通だ。地方においても公共交通機関などの生活インフラが整っている中核都市の機能をいっそう強化・充実し、そこに周辺の過疎化している地域からの移住を促して都市と田舎の役割を分けるべきだと思う。

そういう状況を作っていかないと、人口が減り続けて消滅の危機に直面すると予測されている896市町村は、これまでの生活水準や行政サービスを持続することが難しくなっていくだけである。

寂れた観光地を再生させる方法

人口減が止まらない「消滅可能性都市」は、全国にくまなくあるので、このままでは日本の地方自治体が崩壊するのは時間の問題である。もはや打つ手はないのかと言われれば、まだ手立てはあると思う。その一つが「リゾート開発」だ。

世界を見渡すと、海外からの観光客で賑わっているリゾート地は数多い。たとえば、インドネシアのバリ島、オーストラリアのハミルトン島やヘイマン島、カナダのウィスラー・ブラッコム、スイスのサンモリッツ、オーストリアのアールベルクなどである（図表23）。日本でも北海道のニセコは外国人に大人気だ。

世界、とりわけアジアの富裕層の多くは、日本が大好きだ。治安が良くて料理が美味しく、風光明媚な山々や温泉、沖縄の珊瑚礁をはじめとする美しい海などの観光資源も豊富だからである。彼らをいかにして日本のリゾート地に呼び込むかが、今後の地方振興・地域活性化の鍵となる。

ところが日本の場合は、かつて賑わった観光地ほど、今は閑古鳥が鳴いている。

その象徴が新潟県の越後湯沢だ。上越新幹線で東京から1時間半足らずの越後湯沢はスキー客でごった返した時期もあったが、未だにリゾート地としては中途半端で魅力がない。また、冬以外のシーズンは訪れるメニューが全く見当たらない。このため、バブル崩壊やスキー人口減少の影響もあって、100棟以上建設されたマンションの大半は入居者のいないゴーストハウスになってしまい、1室50万～550万円前後で売りに出されている。スキー客が減った結果、周辺にある20か所のスキー場も次々に潰れ、町は寂れる一方だ。もはや越後湯沢に希望はないのか？　そう問われれば、全くそんなことはない。この町をアジアの一大リゾート地に再生することは十分可能だと思う。

ウィスラーやハミルトン島に学べ

参考になるのは、前述のウィスラー・ブラッコムである。2010年バンクーバー冬季オリンピックの開催地で、二つの山に200以上のコースと39のリフト・ゴンドラがあり、スノーボードパークやハーフパイプ、キッズパークなども充実している巨大なスキーリゾートだ。山の上には初心者からエキスパート、子供から高齢者まで、すべてのスキーヤー

図表23 海外からの観光客で賑わっているリゾート地は数多い

◆世界の主なビーチ・マリンリゾート

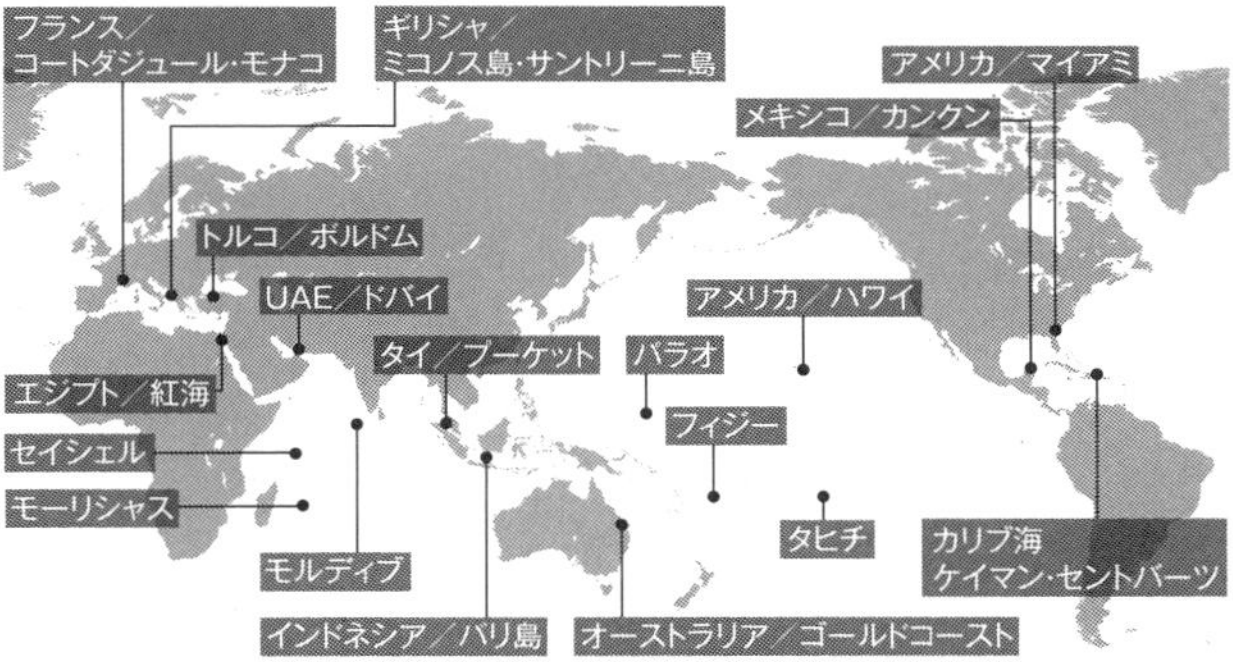

◆世界のトップスキー場

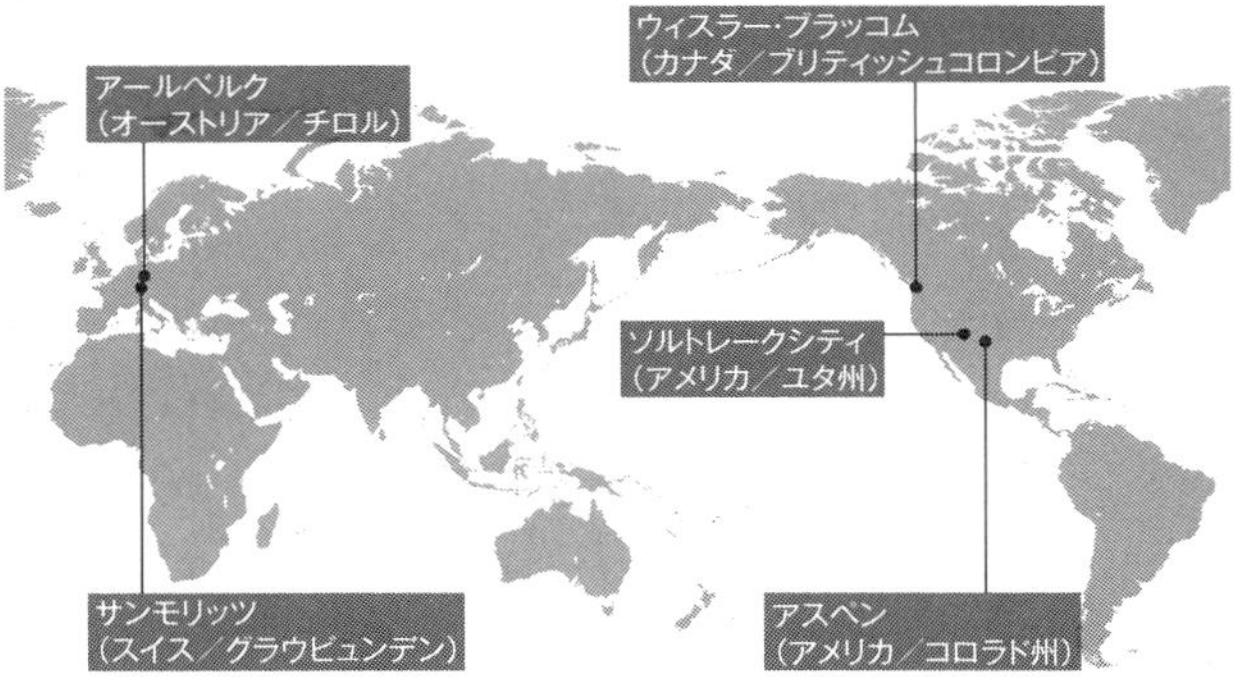

出所：各種文献・記事より　©BBT総合研究所

が楽しめる多彩な斜面が常に最高の状態に整備されている。そしてアフタースキーは、高級ホテルやコンドミニアム、一流レストラン、バー、ディスコ、映画館、様々なショップなどが集積した麓の町ウィスラー・ビレッジで快適に過ごせる設計になっている。そういうまとまったコンセプトで一体的な開発・運営ができているのは、ハミルトン島やヘイマン島もそうだが、リゾート全体を一つの会社が経営しているからだ。

一方、越後湯沢は一つ一つのリフトやゴンドラ、宿泊施設、飲食店などの経営がバラバラでまとまりがない。だから駅前商店街と同じで1軒ずつシャッターが下りていくし、麓の町はスキー場に行き帰りする時の単なる通過点でしかないから寂れる一方だ。これは他のスキー場も同様である。

もう一つ、日本のスキー場に共通する問題は、日本が貧しかった時代のままで、いわば「大学スキー部の合宿用」に造られていることだ。高級ホテルや一流レストランは少なく、旅館、民宿、ペンション、食堂、居酒屋が中心だ。リフトを乗り継ぐ時も、えっちらおっちら斜面を登らなければならないが、そんなスキー場は海外では見たことがない。世界の有名スキーリゾートは、すべて斜面を滑り降りて乗り継げるようになっている。

要するに、世界のスキー場は富裕層や高齢者、家族連れに優しいコンフォタブルなリゾートとして造られているのだ。それと同じようなものに、東京から近くて12月から5月末まで滑ることができる越後湯沢を造り替えれば、アジア随一のスキーリゾートになる可能性もあると思う。

湿地帯を一変させたディズニーの夢想力

越後湯沢だけではない。野沢温泉や志賀高原など長野県飯山市周辺のスキー場群も一元的に再開発すれば同様のビジョンが描けるので、それを私は「千曲スーパーバレー構想」として提言している。

あるいは、経営不振が続いている宮崎市のフェニックス・シーガイア・リゾートも、（道路をまたいで）海岸までエリアを拡大し、フロリダ州マイアミの有名なドーラルなどを参考にしてスパ＆フィットネスに特化したゴルフリゾートにすれば、アジアの富裕層を呼び込んで再生できるのではないかと考えている。

これらのエリアは、素材は良いのだが、それを生かせていない。エリアの価値を最大化するコンセプトがないからだ（図表24）。その点、ＪＲ九州のクルーズトレイン「ななつ星」は、それほど目新しい観光地や宿が旅程に入っているわけでもないのに、予約が取れないほど富裕層の人気を集めている。結局、リゾートビジネスの成功の鍵は、枯れ木に花を咲かせ、荒地に人を集めるような構想を描ける優れたプロデューサーがいるかどうか、なのである。

たとえば、フロリダ州オーランドのウォルト・ディズニー・ワールド・リゾートは、もともとワニしか住んでいない湿地帯だった。そこに、ウォルト・ディズニーは、実験未来都市（EPCOT）や魔法の王国（Magic Kingdom）を夢想し、山手線の内側の約１・５倍に相当する広大なアミューズメントリゾート計画を描いた。逆に言えば「見えないものを見る力」を持ったウォルト・ディズニーのような人間がいて、それに資金を提供するディックク・バスのような投資家が協力して総合的に開発しないと、世界中から観光客がやってくるようなリゾートは生まれないのである。

いま世界のリゾートは年々進化している。とくにアジアは、アマンリゾーツ、シックスセンシズ、フォーシーズンズ、ワン＆オンリーといった宿泊するだけで１人１泊５万円以

図表24 日本のリゾートはすべてにおいて散発的であることが課題

日本のリゾート開発の課題	世界のリゾート例
細切れ開発	・リゾートは細切れ開発ではできない、広大な空間自体が資源 ・ウィスラー（カナダ）、ゴールドコースト（豪州）など
長期滞在のコンセプトが欠落	・長期滞在型⇒自炊＋レストラン ・日本の旅館⇒一泊二食強制
周遊提案不足	・アメリカの国立公園、カナダトレーラハウス旅行 ・フランス・ブルターニュ、スイス・アルプス、イタリア・世界遺産巡り ・地中海クルーズ、アドリア海、ギリシャエーゲ海、などなど
目玉セグメント不在	・クルーズ、スキー、ビーチ、ゴルフ、自然、スパ＋フィットネスなど
人工的吸引力が不足	・ディズニーワールド（米、オーランド） ・ブロードウェイ（米、NY） ・ロデオドライブ＋ディズニーランド＋ユニバーサルスタジオ（米、LA）
「食」を活かせていない	・ミシュランガイド ・スペインのバスク＋サンセバスチャン ・エル・ブジ（スペイン／カタルーニャ地方） 世界一予約の取れないレストラン、今は閉鎖している。これに代わってデンマークのNOMAがトップとなったが食中毒を起こして一時閉鎖

↓

世界の観光・リゾート地、旅行者のトレンドを研究することが必要

出所：厚生労働省「国民生活基礎調査」 ©BBT総合研究所

上の高級リゾートが集積しているため、世界の富裕層から注目を浴びている。そうした海外の一流リゾートを知り尽くし、さらにそれ以上の夢を描けるデベロッパーが登場すれば、寂れゆく日本の地方は逆に素晴らしい素材となって大きく変わっていくだろう。

「大人」のためのマリンレジャーに注目

リゾート開発が有望な理由はほかにもある。

今後、日本経済の6割を占める個人消費を拡大していくにあたって、メインターゲットにすべきは〝懐に余裕のあるセグメント〟だ。それはすなわち「高齢者」である。実は、今の日本では消費全体の46％を60歳以上の高齢者が占めているのだ。したがって、いかに60歳以上の人たちの消費を刺激しておカネを使ってもらうかが、今後の個人消費を拡大する最大のポイントとなる。そのためには60歳以上の消費者像を把握しなければならない。

興味深いアンケート結果がある。博報堂「新しい大人文化研究所」の調査によると、自分のことを「シニア」だと思う60代は56・0％だが、実際に「シニア」と呼ばれたいと思う60代は12・2％にすぎない。また、同社の40～60代を対象にした別の調査では、自分のことを「高齢者」「熟年」「シニア」ではなく、「大人」「アクティブシニア」と呼ばれたいと思っているという。

要するに、中高年者は年寄り扱いされたくないのであり、そういう消費者心理を的確に掴んだ商品やサービスを提供すれば、高齢者が消費全体に占める割合を46％から60％、いや70％にすることも可能だと思う。

中高年者の消費を拡大する有効な手段として私が提案したいのは、すでにインフラ投資が終わっている漁港を活用し、船遊びや釣りなどのマリンレジャーに連れ出すことだ。いま日本の中高年者には登山が人気で、全国各地の山が大混雑している。（遭難事故も増えているが）誰でもいつでも気軽に行って自然を楽しめるからだろう。

一方、海のほうは極めて閉鎖的だ。島国・日本の海岸線は約3万5０００㎞に達し、そこには世界最多の約3０００もの漁港がある。多くは税金で建設された施設である。にもかかわらず、そのほとんどすべてを漁民が占有していて、一般市民には全く開放されていない。漁民以外がヨットやクルーザーで自由に立ち寄ることができる漁港は、漁協直営の食堂「ばんや」がドライブでも人気スポットになっている房総半島南西部の保田《ほた》漁港（千葉県鋸南町《きょなん》）など、ごくわずかだ。

しかし、欧米ではすべての港が開放され、高齢者が子供や孫たちと一緒にマリンレジャーを楽しんでいる。たとえばノルウェーの場合はほぼ一家に1隻、船がある。ギリシャやクロアチアでは、すべての港がどこの国の誰の船でも無料で自由に停泊できる。係留は「先着順」で、最初に来た船が桟橋のクリートにロープを係止し、次に来た船はその横につなぐ。そういうシステムにしているのは、自分たちの港に多くの船に来てもらい、食事や観光でお金を落としてもらいたいからである。実際、地中海のギリシャやクロアチアの港にはイギリス、ドイツ、ノルウェー、スウェーデン、デンマークなどから豪華な船が山ほど来ているし、カリブ海やメキシコのバハ・カリフォルニアの港はアメリカの船で埋め尽くされている。その大半はリタイア組で、時間に余裕があるから長期滞在している。

それに倣って日本も漁港を全面的に開放し、誰でもいつでも自由に出入りできるようにすべきだと思う。

「セカンドライフ」に食指は動く

たとえば、船を置く場合は年間艇置料2万～3万円、寄港・停泊する場合は1日1000円くらいで係留や寄港・停泊できるようにして、旨いレストランや食料品店、土産物店、給油所などを充実する。いわば「海の駅」を作るのだ。そうすれば、地元の漁民や漁協も港と飲食や買い物で収入を得ることができるようになり、とくに三浦半島や伊豆半島、瀬戸内海、長崎の九十九島や五島列島、鹿児島の錦江湾や奄美群島、そして沖縄などでマリンレジャー関連消費が拡大するだろう。

今のところ日本で船遊びを楽しんでいる人は少ないが、その最大の理由は漁港が開放されていないことだと思う。誰でも年間2万～3万円で最寄りの漁港に船が置けて全国各地の漁港に自由に寄港・停泊できるようになれば、まず懐に余裕のある高齢者たちが食指を動かすに違いない。

そもそも、大半のサラリーマンはリタイアすると自宅でテレビを見ながらゴロ寝で過ごし、外に出るのは犬の散歩の時くらいだ。趣味があっても、ゴルフや旅行、ベランダで手軽にできるランの栽培など、多い人でも三つがせいぜいだろう。

しかし、長いセカンドライフを充実したものにするためには、「屋内」「屋外」「1人で」「仲間と一緒に」という四つのジャンルで、それぞれ二つずつ、合わせて八つほど趣味を持つ必要があると私は考えている。また、イタリア人のように「死ぬ時は貯蓄ゼロ」と割り切れば、消費は大幅に拡大する。その意味でもマリンレジャー、とりわけ船遊びは、これから日本人が覚えるべき趣味であり、最も豊かな需要喚起の〝鉱脈〟だ。

日本の景気を良くしたいなら、実り少ないアベノミクスの「3本の矢」よりも、（すでにインフラ投資が終わっている）漁港を開放してアクティブシニアの「大人消費」を刺激したほうが、よほど有効だと思う。

アベノミクス税制では富裕層が逃げ出す

さらに、海外の富裕層をもっと日本へ呼び込むためには、いま以上の工夫が必要だろう。

このところ「金持ちの海外逃避」が話題になっている。日本は相続税・贈与税の最高税率が55％と高いが、海外には相続税がない国や税率の低い国がある。このため富裕層を中心に相続税対策や節税目的の海外移住（節税移住）が急増しているとされ、それがテレビの『ＮＨＫスペシャル』や週刊誌でも取り上げられて論争になっているのだ。２０１５年にはタックスヘイブンに関する情報「パナマ文書」も流出した。

また、欧米ではグローバル企業の「租税回避策」が問題視されている。アップル、グーグル、スターバックスなどが、法人税の税率が低いアイルランドやスイス、オランダといった国の子会社に多額の利益を付け替えたとして批判を浴びたのである。だが、アメリカ議会上院に呼ばれて租税回避を追及されたアップルのティム・クックCEO（最高経営責任者）は「株主の利益を考えたら、税金対策は当然だ。それが嫌なら、アメリカは法人税を下げればよい」と平然と反論し、議会の攻撃を封じ込めた。

一方、日本では前述した相続税と同様に所得税も15年1月から、最高税率が現行の40％から45％に引き上げられた。住民税10％を合わせると所得税の最高税率は55％に達する。与党が人気取りのために富裕層への懲罰的な課税強化を重ねているわけで、それに嫌気のさした金持ちが海外に逃避するのは当然だろう。

しかも、日本の場合は庶民の暮らしも、復興特別税や社会保険料の段階的な引き上げ、地球温暖化対策税の導入、電気料金をはじめとする公共料金の値上げ、円安による食料品の値上げなどによって、ますます苦しくなる一方だ。加えて、自動車取得税の廃止に伴う代替財源として軽自動車税を増税するという議論まで浮上している。

そうした「取りやすいところから取る」節操のない政策に対する批判をかわそうとしてか、安倍政権は消費税増税の是非や影響について有識者から意見を聴く「集中点検会合」を13年と14年の二度にわたって行なった。結果は「議論百出」だったが、立場や考え方の異なる人たちにヒアリングをすれば、そうなるのは当たり前だ。

もはや消費税は国債暴落を避けるために増税せざるを得ないのに、そんなことさえ安倍首相が自分で決断できないというのは信じられない。そもそも消費税増税は自公民3党合意により法律で決めたことだから、それを翻すのはおかしな話で、議論の余地はないのである。

安倍政権は世界の潮流変化を何もわかっていない。日本は国と地方を合わせた借金がGDP（国内総生産）の2倍に達している現状を一刻も早く是正しなければならないが、いくら消費税を上げたところで焼け石に水である。もはや政府は小手先の微調整で国民から姑息にカネを巻き上げることをやめ、根本的に考え方と制度を変えるしかないのだ。

アジアの富裕層のための〝終の棲家〟

第1章でも述べたように、今の日本は社会主義国以上に平等主義で貧富の格差が小さく、経済規模の割に金持ちが少ない国である。世界を見渡せば、日本とはケタ違いの大金持ちが山ほどいるし、彼らの海外逃避は当たり前すぎて、ほとんどニュースにもならない。そんなことも知らずに、妬みそねみで金持ちを批判するのは間違っている。

今や世界は、いかに金持ちに自分の国へ来てもらって心地よく暮らし、安らかに逝ってもらうかという競争になっている。世界にはスイス、シンガポール、香港、オーストラリア、ニュージーランド、カナダ、スウェーデン、モナコなど相続税のない国がたくさんあり、重い相続税を課している国の金持ちがそこに逃げるのは当然なのである。

また、日本人の多くは金持ちの現実もわかっていない。実際、私が知っている経営者も何人か海外に移住しているが、それで幸せかと言えば、実はそうでもないのである。意外とみんな寂しがって、移住したことを後悔しているのだ。

たとえば、日本人の金持ちが相次ぎ移住しているとされるシンガポールは、箱庭のようで息が詰まる。金持ちを吸引するために人工的に造られた国だから、あそこで幸せに死ぬのは難しいと思う。あるいは、アメリカのミット・ロムニー前大統領候補は資産を英領ケイマン諸島に置いて節税していると報じられたが、あんな島は3日もいたら飽きてしまう。住宅の入り口にガードマンがいなければ安心して暮らせない国も少なくない。

そう考えると、日本という国は金持ちにとって最もコンフォタブルな場所だと思う。治安が良いし、食べ物は美味しいし、温泉、富士山、湖、スキー場からサンゴ礁まで、あらゆる天然・観光資源に恵まれている。住宅もシンガポールや香港、上海などに比べれば格段に安い。これらを生かしてアジアの金持ちを呼び込むべきなのだ。

そのためには、かねてから私が提案しているように、現行の税をすべて撤廃し、「資産税」と「付加価値税」の二つだけにする、税制の抜本改革が必要だ。日本がこの税制にシフトしたら、おそらく中国や香港、台湾、シンガポールなどの金持ちが、続々と日本に移住してくるだろう。アジアには1000億円以上の資産を持っている大金持ちが山ほどいる。その人たちが日本を〝終の棲家《ついすみか》〟にすれば、不動産などに莫大な資産を移す。これは海外から日本にカネが入ってくる純投資、すなわち「真水」である。しかも、資産100

0億円の人なら毎年10億円、100億円の人でも毎年1億円の税収が入ってくるのだ。さらに、日々の消費生活でも大いにカネを使ってくれれば、付加価値税が潤うことになる。

むやみに金持ちを虐《いじ》め、増税や公共料金の値上げに苦しむサラリーマンのなけなしの給料から広く薄く吸い上げるより、金持ちに気持ちよくカネを使ってもらって、世界から"真水のカネ"を集めるほうが、間違いなくクレバーな政策だ。消費税増税で無意味な意見聴取をしている暇があったら、資産税導入をはじめとする根本的な税制改革を打ち出して議論を喚起すべきなのであり、そういう決断のできる政治家を私は待望する。

人口問題の解決には20年以上かかる

ここまでは、規制撤廃や民間の事業拡大による成長の種を紹介してきた。さらに、より根本的な社会変革のためには、冒頭で述べたような人口減少と低欲望社会の問題を解決していくしかない。

そこで、まず考えるべきは、移民政策である。国立社会保障・人口問題研究所の推計による2050年の日本の人口ピラミッドは、男女とも70代後半が最も多く、低年齢になればなるほど少ない〝モスラの幼虫形〟になっている。このままだと生産年齢人口は大きく減少し、現在の国力が維持できなくなるのは火を見るより明らかだ。それを反転する方法は移民の受け入れだと、私は20年以上前から提言してきた。

そもそもデモグラフィ（人口統計学）や人口ピラミッドが何のためにあるのかと言えば、国家の長期的な政策を作るためである。言い換えれば、人口に関することは教育などと並ぶ国の「基本政策」であり、それを変えるには少なくとも20年かかる。

実際、私が40年以上にわたって経営コンサルタントとして活動してきた経験からすると、たとえば日本企業が外国人社員を増やして真にグローバル化しようと思ったら、公平な人事制度や給与体系を整備するだけでも5年単位で試行錯誤しながら様々な問題や軋轢《あつれき》を解決していく必要があり、最終的には20年かかる。それを踏まえれば、国家が（試行錯誤が必要な）人口問題を解決しようとする際にも20年以上かかるのは当然だろう。

逆に言うと、20年かけずにその場しのぎで移民政策を進めたら必ず失敗する。たとえば1980年代後半のバブル期、人手不足になった土木建設業や製造業で働くため、南米の日系人をはじめパキスタン、イランなどから労働者が続々とやってきた。日本政府は単純労働者の受け入れを認めていないため、彼らは観光ビザ、学生ビザなどで来日して不法就労の形で働き、それを政府も事実上、黙認していた。

しかし、バブル崩壊後に景気が悪化したら、日本企業は外国人労働者を容赦なく解雇して追い返した。なかには不法滞在して働き続ける外国人も少なくなかった。そうした付け焼き刃のやり方をしたせいで、日本は世界で評判を落としてしまった。

あるいは、いまシンガポールやＵＡＥ（アラブ首長国連邦）のアブダビはハイテクタウンを建設し、破格の待遇で世界中から優秀な研究者を集めている。だが、彼らはおおむね3年間で結果を出せなかったら帰国させられてしまう。そういう短期間で成果を求める不自然な仕掛けや政策が成功する可能性は非常に低いと私は思う。アメリカ大陸に可能性を求めて渡っていった人々のように、永住を前提としてこそ「命がけで」その国の中で活躍し、その国に貢献しようとするのである。

日本ならではの移民システムを作れ

安倍首相は人手が不足している建設や高齢者の介護、農業、家事サービスなどの分野で外国人労働者の受け入れを拡大する方針を示す一方で、「移民政策と誤解されないよう配慮しつつ、検討を進めてほしい」と指示した。つまり、移民ではなく期間限定の労働力を入れようとしているわけだ。しかし、それではバブル期と同じ失敗を繰り返すだけである。

このまま総人口が減り続ければ国が衰退するとわかりきっているのに何もしないのは政府の怠慢だ。少子化対策でどれだけ合計特殊出生率が高まったとしても、生まれた子供が生産年齢に達するまでには最低でも15年、社会で活躍するまでには30年かかる。重ねて言うが、今後も日本が国力を維持する方法は移民の受け入れしかないし、今が最後のチャンスなのである。

私は、移民政策は三つのステージに分けて進める必要があると考えている。

一つ目は、世界中から野心あふれる優秀な人材を年間1000人くらいずつ呼び込み、付加価値を作って富を創出する「グローバルステージ（舞台）」だ。代表的な例は、インド、イスラエル、台湾、ロシア、東欧などからトップ人材が集まっているアメリカのシリコンバレー（今はサンフランシスコ周辺を含めたベイエリアに地域が拡大している）だが、分野はITに限らない。日本では、たとえば医療や環境など何種類かのステージがあってよい。ただし、それは1か所に集めてクラスター（集団）化し、一つの〝生態系（エコシステム）〟を形成しなければならない。新たな産業を育むためには、優秀な人材をサポートする企業や専門家が多数必要だからである。

クラスターの立地場所も重要だ。政府は地域を限定して規制を大胆に緩める「国家戦略特区」に、東京圏（東京都・神奈川県・千葉県千葉市および成田市）や関西圏（大阪府・兵庫県・京都府）など10区域を指定した。このうち東京圏はグローバル企業や人材の受け入れを促進するための「国際ビジネス、イノベーションの拠点」、関西圏は「医療等イノベーション拠点、チャレンジ人材支援」と位置付けている。

だが、先に都市再開発プロジェクトの項で述べたように、グローバルステージは東京の中心部（たとえば晴海、勝どきなどの湾岸地区）に創るべきである。海外から人材を集めるためには、筑波研究学園都市や関西文化学術研究都市のような離れた場所ではなく、世界が魅力を感じる大都市の真ん中であることが必要だ。教会や学校など、外国人の家族がアットホームに感じるインフラが不可欠だからである。

そしてそこには、シリコンバレーを支えたスタンフォード大学やカリフォルニア大学バークレー校に匹敵する、優秀な人材の〝苗床〟となるハイレベルな有名大学と欧米並みの快適な住環境を用意しなければならない。

サムライ（士）ビジネスの資格者を優先

二つ目のステージは、医師、看護師、介護福祉士、弁護士、消防士など「士（サムライ）」ビジネスの担い手だ。今後はそうしたプロフェッショナル領域の人たちが圧倒的に不足するので、世界から年間10万人規模で呼び込む必要がある。

サムライビジネスの場合、そのスキルは世界中でおおむね共通している。したがって、自分の国でそれらの資格を取得して仕事をしていた外国人、あるいは日本で一定期間の訓練を受けて技能試験に合格した外国人は、日本で差別なく働けるようにすべきだと思う。

現在、日本は経済連携協定（ＥＰＡ）に基づいてインドネシア、フィリピン、ベトナムから看護師候補者と介護福祉士候補者を受け入れているが、日本語の難しい漢字の専門用語を試験に出すなど、意味もなくハードルを上げている。

そういう意地悪なことはもうやめて、実務ができる外国人に対しては国家試験のハードルを下げ、合格者や出身国の有資格者はインターンとして働いてもらい、評判が良ければ日本で継続的に就業できるようにすべきだろう。

外国人による介護や看護を敬遠する声もあるが、そんな悠長なことを言っていられる状況ではない。国立社会保障・人口問題研究所の推計によると、65歳以上の高齢者人口は2025年に3657万人に達し、42年に3878万人でピークを迎える。

総人口が減少する中で高齢者が増加することによって高齢化率は上昇を続け、35年に33・4%と3人に1人が高齢者となる。高齢者人口が減少に転じる42年以降も高齢化率は上昇を続け、60年には39・9%に達して国民の2・5人に1人が高齢者になると見込まれている。彼らを貴重な若い日本人だけで面倒を見るやり方で、本当に国が活力を取り戻せると思う人はいないはずだ。どう考えても看護や介護は外国人に頼むしかない。

すでに述べたように、今後は労働力人口である15~64歳が毎年40万~60万人ずつ減少していく。労働生産性が劇的に向上するといったマジックでもない限り、労働力を毎年40万人以上新たに投入しなければ、日本は今のGDPを維持できないのである。

一般労働者には日本版グリーンカードを

三つ目のステージは一般労働者だ。人口が減ってくると建設労働者や漁業者など厳しい仕事の現場は人材確保が難しくなっていくので、この領域に今後は外国人労働者を年間30万人規模で受け入れなければ立ち行かなくなると思う。とはいえ「人手が足りないからどんどん入れましょう」では、言葉や習慣、文化などが理解できないまま日本で働き、生活することになって軋轢やトラブルを生む懸念がある。

だから、たとえば日本で働きたい外国人で、母国でしかるべき教育を受けた人材に関しては、政府が費用を負担して日本の学校で2年間、我が国の法律や言葉、社会慣習などの基礎を学んでもらう。そして卒業試験の結果、問題なく生活できると判定されたら「日本版グリーンカード」(国籍がなくても永住することができる権利およびその資格証明書)を発行して労働市場に出てもらえばよいと思う。これは他の国に例がない仕組みであり、外国人労働者の居住地のスラム化を防ぐ有効な手段となる。日本が導入に成功すれば、世界から大いに評価されるだろう。

図表25 労働力が確保できなければ、移民を受け入れるしかない

◆日本全体の労働力不足に対する打ち手

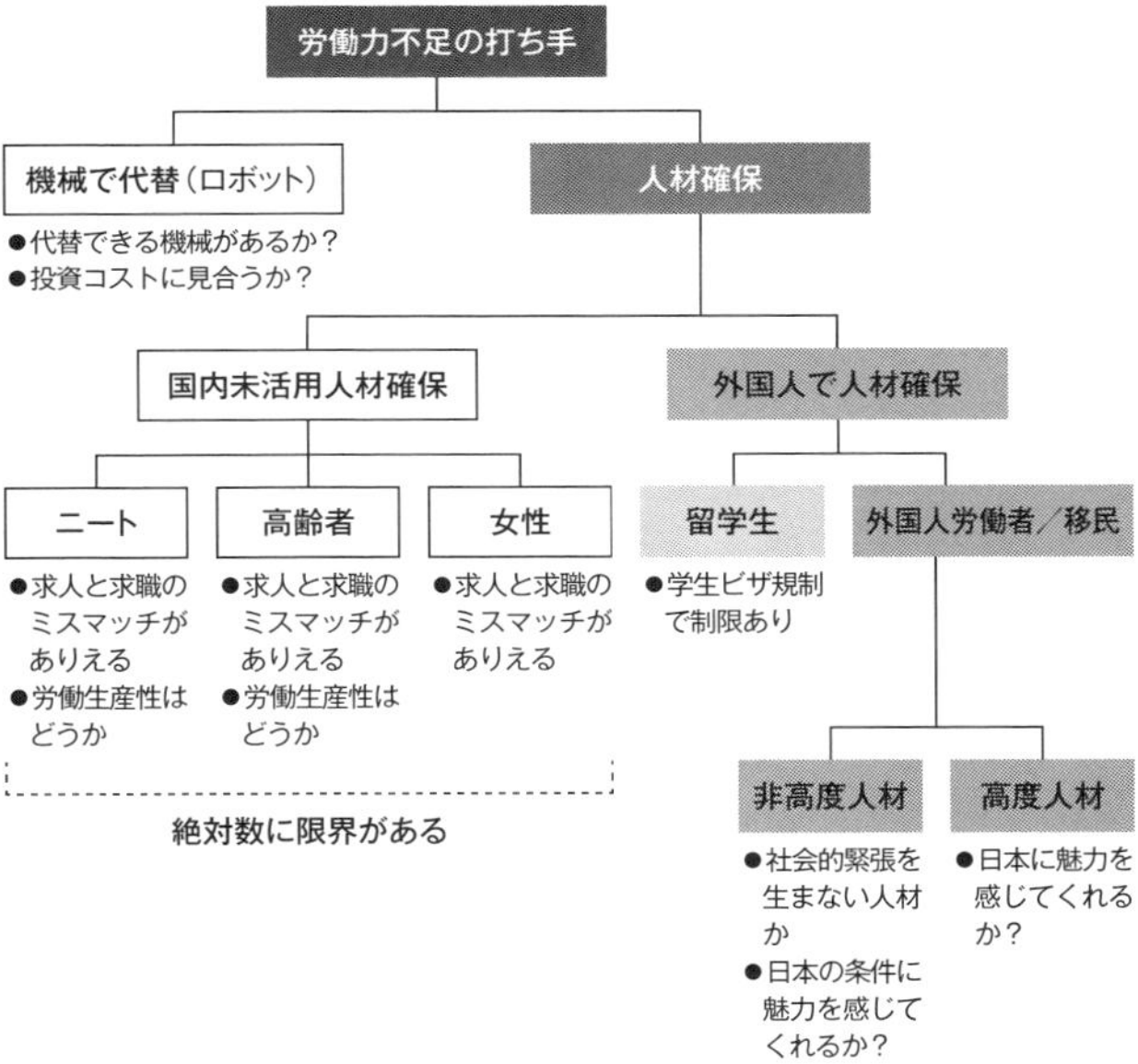

©BBT総合研究所

内閣府は「年間20万人」の移民受け入れ試算を出したが、それが明らかになってから、とくに若い保守層の間では「移民を入れたら国の統一性がなくなる」「中国人が増えて社会が不安定になる」という危惧が表明されている。政府・与党内でも「治安が悪くなる」「賃金水準が下がる」として移民受け入れに慎重な意見が少なくない。

彼らは彼らで真面目に自分の国のことを考え、声を上げているのだろう。かつて日本で60年・70年安保闘争を繰り広げた学生も（今では「若気の至り」と頭をかいている人ばかりだが）、当時は真剣に国の将来を憂えた純粋な若者たちだった。

中国と台湾がいっそうの市場開放に向けて13年に調印した「サービス貿易協定」に反対し、台湾で立法院（国会）を占拠した学生たちや、香港で選挙制度をめぐる民主化デモを繰り広げた学生たちもそうだろう。彼らの思いは理解できるし、全く悪いことではない。

その愛国心・憂国心をもとに、もう少し長期的な視座に立って日本の将来を見ると、この国のためには移民はいずれ何らかの形で受け入れざるを得ないという現実を直視できるようになると思う。

「愛国者は移民の受け入れに反対すべき」「移民政策を進めるのは反日的」という足下の

二元論では問題は解決しない。「右翼」「左翼」というレッテルに惑わされることなく、この国の未来を担う人材の量と質の問題を真剣に考えるべき時が来ている（図表25参照）。

もう一つの爆弾――「介護離職」増加

親の介護のために仕事を辞めざるを得なくなる「介護離職」の増加が懸念されている。これもまた、移民を本格的に検討すべき理由の一つだ。

総務省の「就業構造基本調査」によると、２００２年10月～２０１２年９月の10年間に前職を「介護・看護のため」に離職した人は１０５万４６００人に達している。また、厚生労働省の調査では、65歳以上の高齢者のうち認知症の人は推計15％で、12年時点で約４６２万人に上り、認知症になる可能性がある軽度認知障害（ＭＣＩ）の高齢者も約４００万人いると推計されている。つまり、65歳以上（約３０７９万人）の４人に１人が認知症およびその〝予備軍〟となる計算なので、今後は介護離職を余儀なくされる人が急増するとみられているのだ。

とくに共働き世帯の場合は、奥さんが義父母や自分の両親の介護や看護のために離職、もしくは正社員から契約社員やパートタイマーになって生活に窮したり、精神的・肉体的に疲弊したりして、家庭崩壊の危機に直面するケースも少なくない。だが、こんな国は世界で日本以外に見たことがない。

たとえばアメリカでは、親が要介護状態になったら躊躇《ちゅうちょ》なく施設を利用するだろう。自宅で介護することはほとんどない。自宅で介護するにしても離職はあり得ず、働き続けて給料の半分くらいでヒスパニック系の介護福祉士などを雇う。デンマークやスウェーデンなど北欧諸国の場合は、寝たきり老人や認知症の老人をケアする公的な施設やサービスが充実している。中国のようにまだ大家族世帯が多い国では、家族の中の誰かが高齢者の面倒を見る。つまり、介護離職というのは、かなり日本独特の問題なのである。

また、ドイツ、スイス、スウェーデンといった年金が多い国の場合、高齢者は年金の半分くらいを使って外国のケア施設に行くケースも増えてきている。たとえば、タイのチェンマイには「3食添い寝付き・24時間3交代制」のフルアテンドで介護してくれる施設があるから、そういうところで余生を穏やかに過ごすのだ。要するに、欧米人は「国を変える」ことに対して抵抗がないのである。

しかし日本では、そういう海外の施設を活用しようとすると、親の介護を放棄しているかのような批判が出てくる。実際、ソニー生命保険の「親の介護と認知症に関する意識調査」（2013年10月実施）によると、親が要介護状態になった時に希望する生活場所は「住み慣れた自宅」が親は67・2％で子供は53・2％、「安心できる高齢者施設」が親は32・7％で子供は46・8％だった。また「できれば子供に自分の介護に関わってほしい」と考えている親が76・5％、「できれば親の介護に関わりたい」と思っている子供も61・2％に達している。

だが、一家の稼ぎ手が離職したりパートタイマーになったりしたら、それまでの生活レベルは維持できない。介護だけでなく子育てもしていれば、なおさら大変だ。場合によっては、生活保護を受けなければならなくなる。少子高齢化で高齢者が高齢者を介護せざるを得ない「老老介護」の問題も深刻化し、要介護者を抱える家庭の負担はますます重くなっている。

民間の介護サービスは多種多様になってきているものの、多くの企業では過重労働で介護福祉士が疲弊している。これから介護をどうするのか？　安倍政権でも「介護離職ゼロ」などスローガンだけは仰々しいが、この問題は、もはや国内だけで解決することは難しく、国の仕組みを根本的に変えなければならないと思う。

もはや対策の選択肢は限られている

たとえば、先にも述べたが、シンガポールや香港などのように、フィリピン人の介護福祉士や家政婦を雇うという方法がある。フィリピンの最大の産業は海外への出稼ぎ、すなわち「人の輸出」だ。フィリピン政府のＨＰを見ると、介護福祉士、看護師、調理師、ベビーシッター、家政婦など、国が認定した資格ごとに外国が雇用できる職種が明記されている。それを日本も活用し、フィリピンから介護福祉士を〝輸入〟すればよいのである。もしくはタイなどに公的施設を作ってターミナルケア（終末期の医療および看護）も含めて世話してもらえばよいのである。なぜそういうことを躊躇するのか、私にはさっぱりわからない。

こう言うと、必ず「大前は冷たい」「できるだけ家族が面倒を見るべきだ」といった批判が出てくるが、現実問題として、家族がフルアテンドでケアできないケースは多いし、介護のプロに任せるべきことも少なくない。家庭崩壊を見て見ぬふりをするほうが、よほど冷たい。

また、「フィリピン人やタイ人に重労働を課すのは差別的だ」という意見があるかもしれないが、フィリピンは国策として人材輸出を推進しているわけだし、タイやマレーシアは産業として海外から高齢者を〝誘致〟している。しかも、安い賃金で不法就労させたりするのではなく、正規の賃金をきちんと支払って雇用するのだから、差別と考えるほうが世界では非常識である。

差別と言えば、実は今、日本の地方を中心として非人道的な問題が起きている。嫁が見つからなかった農家の男性がフィリピン人や中国人などアジア系の女性と国際結婚しながら、まともに妻として遇せず、無給の家政婦扱いをして農作業から家事、老親の介護まですべてを押しつけている事例が多いのだ。もちろん農家の国際結婚すべてがそういう悪質なものではないが、人身売買的なケースが増えているのは紛れもない事実である。

以上の問題を解決するためには、国の制度・システムとして、介護や子育てなどを担う外国人労働者を受け入れる、しっかりとした制度を作っていくしかない。これから日本の人口は毎年約40万〜60万人ずつ減っていくため、政府は今後も人口1億人以上を維持するための方策の一つとして、外国から毎年20万人の移民を受け入れることを検討し始めたわけだが、この問題を20年以上前から指摘してきた私に言わせれば、あまりにも泥縄式で、遅きに失している。

日本は高齢者の介護・看護について、アメリカのように施設を民営化してお金で解決するのか、税金を高くしてでも北欧型に向かうのか、それともシンガポールや香港のようにフィリピン人の介護福祉士を雇うのか、という選択肢を国民に与えるべきだったが、もはやそういう議論をしている余裕はない。そうなった元凶は、言うまでもなく政治家と霞が関官僚の怠慢にある。

「農業改革」も間違いだらけ

さらに、成長戦略につながる制度改革の柱の一つは、農業である。

コメ価格が下がらないように生産量を調整してきた「減反」が、2018年度で廃止されることになった。減反に参加する農家に10アールあたり1万5000円を一律に払ってきた補助金は、14年度から7500円に半減させて18年度に完全になくすが、その代わり、家畜の餌になる飼料用やパンなどに使う米粉のコメづくりに転作した場合の補助金を増額するという。「自立した農家」を育てることを目的とした農業政策の約50年ぶりの大転換、と政府・農林水産省は喧伝している。

しかし、それで本当に日本の農業を生まれ変わらせることができるのかと言えば、甚だ疑問である。

減反の廃止は当然だ。もともと今までの農政が完全に間違っていたのである。減反政策は、日本人のコメ離れと人口減によるコメ消費の減少で1971年度から始まり、コメの生産量は1967年度の1445万トンをピークに徐々に減少して2015年度は何と55%の799万トンにまで落ち込んでいる。

本来、需要が減少したら供給を減らさなければならない。ところが、農家にとっては他の作物より補助金の多いコメが一番儲かるから、放っておけばコメを生産してしまう。そうすると供給が需要を上回って価格が下がる。それでは農家が困るから計画的な減反によって供給を減らし、減反すれば補助金を出すという制度を作ったのである。しかし、価格を維持するために補助金を払って生産量を調整（減反）するというのは、どう考えてもおかしい。余るなら生産をやめればよいし、価格が下がるなら消費者に還元すべきである。

さらに、１９８６年から約7年続いたＧＡＴＴ（関税貿易一般協定）のウルグアイ・ラウンド（多角的貿易交渉）でコメ市場開放を迫られた日本は、コメの７７８％（１kgあたり３４１円）の関税を維持する代わりに毎年一定量を無税で輸入すること（ミニマムアクセス）を義務付けられ、関税も毎年下げて最終的にはゼロにすると約束させられた。

そして、ウルグアイ・ラウンド対策として競争力を強化するという名目で「農業基盤整備事業」なるものを20年間で42兆円もかけて実施した。減反する一方で新しい農地を作るという理解不能な政策である。しかも、その結果は生産性も競争力も全く上がらなかった。したがって、ウルグアイ・ラウンド終了から20年が経過しても日本は市場開放できず、コメの関税は７７８％のままである。価格維持のための減反にもカネを注いできた。これ以上の悪政はないと思う。

農業基盤整備事業が行なわれていた当時、私は「世界最大の穀物メジャーが1兆円で買えるのに、なぜ42兆円もかけて農業を保護するのか？」と批判し、穀物メジャー買収による日本農業のグローバル化を提唱していた。実際、丸紅は2013年7月、アメリカの穀物大手ガビロンを27億ドルで買収し、アメリカのカーギルに次ぐ世界第2位の穀物メジャーに躍り出た。同年9月には、中国の食肉大手・双匯《そうかい》国際がアメリカ最大の豚肉生産会社スミスフィールド・フーズを47億ドルで買収した。42兆円あれば、ガビロンが150社、スミスフィールド・フーズが90社も買収できるのだ。

結局、農水省は「農業」を守りたいのではなく、自分たちの「農業利権」を守りたいだけなのだ。なぜなら、日本の農業はとっくに崩壊しており、いくら補助金を出したところで競争力を持ちえないということを、誰よりも知悉《ちしつ》しているのは農水省だからである。

農水省「食料安保」は虚妄である

そもそも古今東西、補助金を受けて競争力をつけた業界は一つもなく、むろん農業も例外ではない。世界で農業が強い国は、すなわち補助金がない国だ。それは図表26「主要国の農業関連収入に占める政府支援の比率」を見れば一目瞭然だ。比率が低いほう（10％以下）にはニュージーランド、ウクライナ、オーストラリア、南アフリカ、チリ、ブラジル、アメリカ、比率が高いほう（50%以上）にはノルウェー、スイス、日本、韓国が並んでいる。

では、政府に手厚く保護されてきた日本の農業は今、どうなっているか？　農民の高齢化が進み、農業就業人口（15歳以上の農家世帯員のうち、調査期日前1年間に農業のみに従事した者または農業と兼業の双方に従事したが、農業の従事日数のほうが多い者）の平均年齢は66・4歳、基幹的農業従事者（農業就業人口のうち、ふだんの主な状態が「仕事が主」の者）の平均年齢は67歳に達している（2015年）。企業で言えば、定年を越えた人が過半数を占めているのだ。

若者が農業を継がないのは、産業として魅力がないからである。普通の国は、こういう状況になったら農業移民を入れて若返りを図るが、日本は移民に門戸を開こうとしない。このままいけば、日本の農業は担い手がいなくなって消滅の危機に瀕するだろう。

ボーダレス経済の鉄則は「世界の最適地で生産する」ことである。たとえば、いまエレクトロニクス産業は、部品産業がそろっていて人件費の安い東アジアに集中している。同様に農業や畜産業にも最適地がある。たとえば、世界で最も肥沃《ひよく》な土地はウクライナのチ

図表26 真の食料安保をどう実現するか

◆主要国の農業関連収入に占める政府支援の割合

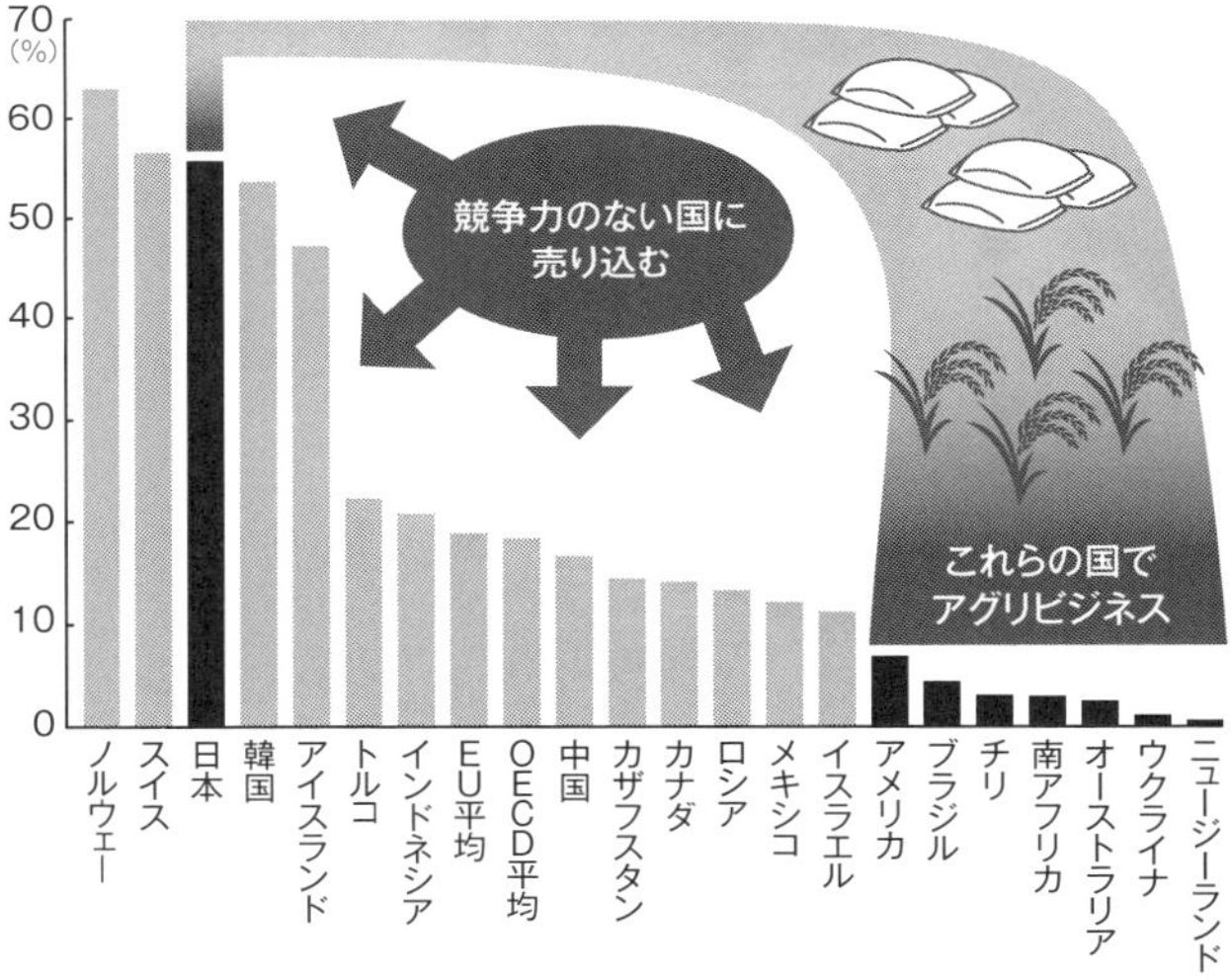

出所:OECD「OECD Agricultural Policy: Monitoring and Evaluation 2013」
©BBT総合研究所

エルノーゼム（黒土）だし、牛肉はオーストラリア、アメリカ、アルゼンチンくらいしか世界では勝負にならない。

その意味では、山地が国土の75％を占める日本は、もともと農業に向いてない。それでも狭い国土を切り開き、25％しかない平地を有効活用して自給自足できるまでにしたのは、日本人の血と汗と涙の結晶だと思う。だが、ボーダレスな開放経済になっている今、もはや昔のままの過保護で生産性の低い農業では絶対に生き残っていくことはできない。

にもかかわらず、農水省は「食料安全保障」を主張し、それを日本の農業を保護する大義名分にしている。そこで私が農水省や自民党に「食料安保とは何か？」と問うと、「いざという時に糧道を断たれないこと」だと言う。「では、いざという時とはどういう時か？」と問うと、「日本が世界中を敵に回した時」だと言う。「ならば『国権の発動たる戦争と、武力による威嚇又は武力の行使は、国際紛争を解決する手段としては、永久にこれを放棄する』と宣した〝平和憲法〟を持つ日本が、世界中を敵に回して糧道が断たれる時というのはどういう時なのか？」と問うと、もう彼らは答えられない。

さらに「もし日本が世界を敵に回したら、最初になくなるのは石油ではないか？」と問うと、「石油は180日分備蓄している」と答える。だが、石油がなくなれば、耕運機やトラクターやコンバインは動かないし、肥料も作れないから、コメは作れなくなる。といいうことは、コメも180日分の備蓄があればよいことになる。いくら農業を保護したところで、どうせそれ以上、日本は持ちこたえられないのだ。

そもそも、糧道が断たれるような状況に日本が追い込まれたら、石油だけでなく石炭も鉄鉱石もレアアースも入手できなくなるし、輸出もできなくなるので、コメだけ自給できたとしても「ジ・エンド」だ。つまり、「食料安保」という概念自体が、虚妄なのである。

"農民漁民省"改め「食糧省」を作れ

日本の農業は、今こそボーダレスな開放経済を前提にして根本から作り直さなければならない。その場合、どのように真の食料安保を実現するのか？　方法は二つしかない。

一つは、同時に敵になりそうにない複数の国を選び、その国々から食料を輸入してリスクを分散することだ。たとえば、アメリカ、オーストラリア、ウクライナ、ブラジル、アルゼンチン、タイ、ベトナムなどである。万が一、日本がこれらのすべての国と敵対するような事態になったとしたら、そんな危険な祖国からはさっさと逃げ出すべきだろう。

もう一つは、前述したウクライナやオーストラリアなどの農業大国に日本の農民や日本企業が積極的に進出し、高い技術力と豊富な資金を生かして大規模農業でアグリビジネスを展開し、日本をはじめとする農業不適国に輸出することだ。この二つで真の食料安保が完成するのである。

農水省は、戦後ずっと〝農民漁民省〟だった。農民・漁民の利権を守り、自分たちの利権を守る役人集団だった。しかし、これからは世界の農林水産業の最適地に技術と資本を持ち込んで、日本人の胃袋に安全・安心で良質で廉価な食料を供給する「食糧省」にならねばならない。「農地は輸入できる」と私が言ってきたのはこのことである。

付言すれば、現在の高齢化した農業従事者に対しては、過保護にした政府が最後まで戸別所得補償で面倒をみるべきだと思う。ただし、条件がある。兼業農家の特典は「一代に限る」ということだ。それ以降は、相続税免除をはじめとする現在の農家優遇策は、すべて廃止すべきである。

それでも日本から農業が消滅することはないと思う。生き残るのは、大きく二つのタイプだろう。世界市場でコモディティ化（他と大差のない商品化）しない特別なブランド作物を生産する農家と、家庭菜園に憧れるサラリーマンやリタイアした高齢者などに農地をリースして稼ぐ農家である。

日本の「農業改革」は、ここまで見通してやらないと意味がない。言い換えれば、今回の減反政策廃止や補助金見直しなどは、自立した農家を育てるどころか、何の転機にもなりはしないのである。

「農協解体」は大した問題ではない

2015年、JA全中（全国農業協同組合中央会）解体や農林水産大臣辞任などで、農政が混乱した。「農政改革」をアベノミクス第3の矢である成長戦略の柱と位置付ける安倍政権は、JA全中の単位農協に対する監査や指導の権限を廃止し、2019年3月までに特別民間法人のJA全中を年間約80億円の賦課金《ふかきん》（いわば単位農協からJA全中への〝上納金〟）を強制的に徴収することができない一般社団法人に移行することを、JA全中と協議して取り決めた。安倍政権はJA全中の政治力を削ごうとしているわけで、そのこと自体は評価できるが、実はそれは大した問題ではない。

そもそも現在のJA全中はさほど重大な役目を担っていないし、今や農業生産額に占める農協の取扱額は半分ほどでしかなくなっているから、解体したところで大きな影響はないだろう。農政の最も重要な問題は、市町村・地域ごとや業種別に組織されている全国約700の単位農協が弛《たる》んでいて本来の機能を果たしていないため、「これから日本の農業をどのように改革するのか」という具体案が何もないことだ。

いま日本の農業はどうなっているか？　前にもコメが補助金漬けの上に778％もの関税で守られている現状などを説明したが、このままでは競争力のない日本の農業が世界の中で生き残っていけないことは、火を見るより明らかだ。

私が考える農政改革のモデルはオランダだ。国土面積が日本の九州とほぼ同じで人口1700万人の小国だが、実はアメリカに次ぐ世界第2位の約10兆円もの農業輸出国だ（日本の農業輸出額は約4000億円でしかない）。なぜブラジルやアルゼンチン、中国、カナダ、オーストラリアなどの国土大国よりも輸出で稼げるのか？

きっかけは国境なきEC（ヨーロッパ共同体）の誕生だ。1986年にスペインとポルトガルがＥＣに加盟したことで両国から無関税で安価な農産物が入ってくるようになり、競争力の低いオランダの農民は窮地に立たされた。危機感を抱いたオランダは、まさに〝選択と集中〟で施設園芸にフォーカスするとともに、農業を農民中心に考えずに「産業」と捉えて地域別に農地と生産品目を集約するなどの改革を断行し、付加価値（＝競争力）の高い「クオリティ農業」にシフトして躍進したのである。

現在の日本が置かれている状況も、このＥＣ時代のオランダに似ている。ＴＰＰ（環太平洋経済連携協定）交渉は大筋で合意に達し――安倍政権の農政改革も実態はアメリカをはじめとする〝外圧〟の結果だが――これを奇貨として、今こそ日本はオランダのようなクオリティ農業に一気に転換すべきだと思う。

いかに「コメ偏重」から脱するか

その場合、日本の農業の問題は大きく二つある。一つは、コメに軸足を置いていることだ。日本はコメを特別扱いしてきたが、世界的に見るとコメは小麦やトウモロコシと同じく１トンいくらで売買されている最も付加価値の低い「穀物」にすぎない。そして穀物はアメリカ、カナダ、オーストラリアなどの面積大国が勝つ、クオリティ農業の対極にある作物だ。

にもかかわらず、日本は「コメを作っていれば食べていける」ようにしたために国際競争力を失ってしまったのである。いわば粗鋼生産だけ続けていて自動車を作っていないようなものである。今後はもっと付加価値の高い果実、酪農、葉物野菜、花卉《かき》類などにシフトしなければならない。

もう一つは、食料安全保障の論理で食料自給率を中心に考えていることだ。これもすでに解説したが、食料安保のネックは食料ではなく石油である。つまり、たとえコメが自給できる態勢にあったとしても、いざという時は石油の備蓄が先に切れるので、灌漑《かんがい》もできなくなるし、トラクターも動かなくなるし、肥料も作れなくなる。日本の場合、食料安保は実はエネルギー安保なのだ。しかも、コメだけの備蓄であれば1年もつから、半年くらいの危機は乗り越えられる。したがってコメが食料安保の対象になること自体がおかしいのだ。

そもそも食料自給率を中心に考えたら、このグローバル社会では競争力はつかない。食

図表27 コメ農家は、所得の8割以上が農業以外

◆国内農家の平均所得の構成比（%）

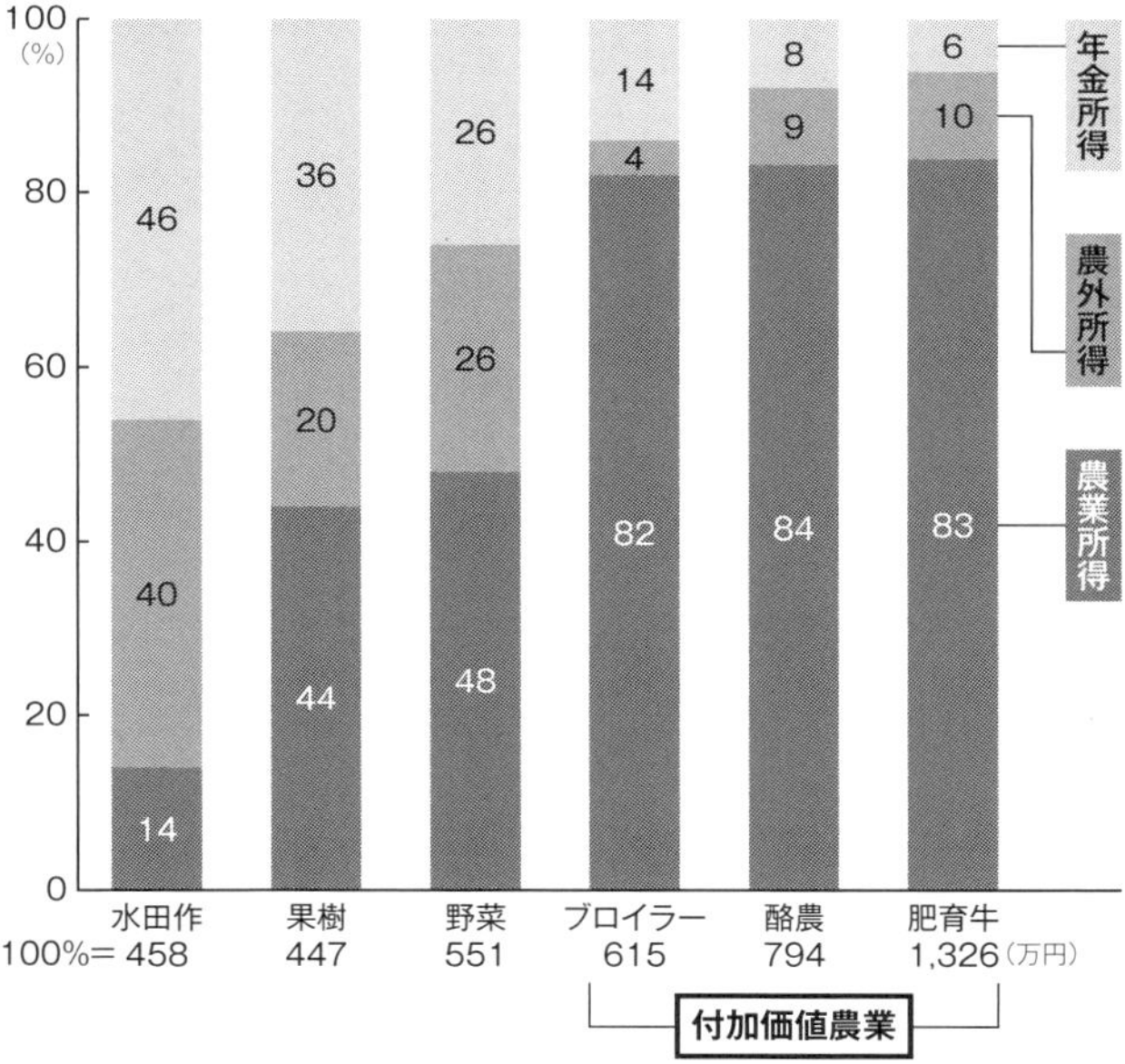

出所:営農類型別経営統計、農業センサス（農水省）より　©BBT総合研究所

料は世界の最適地で作ればよいのである。輸出できるものがあれば、食料は海外の様々な国から輸入できる。実際、オランダは世界第2位の農業輸出国でありながら、穀物の自給率は14％で日本の半分だ。つまりオランダは、足りない食料は世界で最も競争力のある国から安価なものを、安全・安心さえ担保されていれば、平気で輸入しているわけだ。食料安保は、世界中の国を敵に回さない限り、心配無用なのである。

コメ偏重と食料安保論という二つの問題を抱えた結果、日本の農業はどうなったか？農家は兼業農家が約１００万戸で7割以上に達し、水田作の経営者数が１３２万人で６割余を占めている。要するに、コメを作っている兼業農家が大多数なのである。

水田作農家の所得内容を見ると、さらに問題点が浮き彫りになってくる（図表27）。彼らの平均所得４５８万円のうち農業所得はわずか14％にすぎない。あとは年金所得（46％）と農外所得（40％）だ。農業就業人口２２６万人の64％にあたる１４４万人が65歳以上だからこういう比率になるのだが、これは専業農家と兼業農家を合わせた数字なので、兼業農家の農業所得の割合はもっと小さいということだ。年金所得が農業所得をはるかに上回る人々がコメを作っているという現状の日本の農業が、ＴＰＰの荒波の中で生き残っていけるはずがないだろう。

ただし、その一方で仕事がハードなブロイラー、酪農、肥育牛の農家は農業所得が８割以上を占めている。しかも、平均所得はブロイラー６１５万円、酪農７９４万円、肥育牛１３２６万円と高収入だ。つまり、同じ日本の中でもコメ以外の分野ではすでに付加価値の高いクオリティ農業ができているわけで、日本はいち早くそちらへシフトすべきだったのである。

また、兼業農家は一代限りにして基本的に専業農家だけでやっていくようにしなければならない。コメは関税を下げて輸入米と競争させるべきである。農業も「産業」であるならば、付加価値を高めて競争に勝っていくしかないからだ。

ところが、農水省も農協も何も改革しないまま、付加価値どころか生産性も極めて低い兼業コメ農家を保護し、７７８％の関税で墨守してきたわけで、これは「恥」以外の何物でもない。そんな日本の対極にあるのが前述のオランダである。

オランダ農業はどこがどう凄いのか？

なぜ、オランダは農業輸出大国になれたのか？　農業の競争力を強化するために三つのシフトを断行したからである。

一つ目は「自由化」だ。農業保護をやめるとともに、農業・自然・食品安全省（日本で言えば農水省）を解体して経済省（日本で言えば経済産業省）に統合し、農業部、酪農部、水産部という三つの部局にしたのである。農業も産業だ、と考えれば当然のことだが、日本の現状からはかなりぶっ飛んだ発想だ。

二つ目は前にも少し触れた「選択と集中」だ。高付加価値の施設園芸にフォーカスし、農地を集約したのである。今ではトマト、パプリカ、キュウリの3品目で栽培面積の8割を占め、農業の経営体数も1980年の1万5700社から2010年は7100社に半減している。

三つ目は「イノベーション」だ。ITを活用したスマートアグリを展開すると同時に、ワーヘニンゲン大学（オランダにおける農業分野の研究教育の中心）を中核とした「フードバレー」と呼ばれる農業と食品の産業クラスター（集団）を形成し、多様な研究・事業化プログラムを推進している。シリコンバレーならぬフードバレーには食品関連企業約1400社、科学関連企業約70社、研究者約1万人が集まり、日本からもキッコーマンや日本水産、サントリーなどが進出している。

その結果、オランダ農業は特定産品で際立った強みを持つようになった。主な農産物の輸出上位国を見ると、ボリューム型の小麦やトウモロコシ、大豆などはアメリカ、カナダ、ブラジル、アルゼンチンなどの広大な農地を生かして規模を追求する国が上位を占めているのに対し、付加価値を追求するクオリティ農業ではオランダがジャガイモと花卉類で世界第1位、トマトでメキシコに次いで世界第2位になっているのだ。

さらにオランダは〝ずるい〟ことに、国内で生産した農産物を輸出するだけでなく、海外から輸入した農産物を国内で加工して輸出する「加工貿易」や、輸入したものをそのまま輸出する「中継貿易」、あるいはオランダに物理的には持ち込まないで産地から顧客に直接発送するエクスチェンジ（電子市場）でも稼いでいる。

たとえば、ココアで有名な食品メーカーのバンホーテンは世界約50か国からカカオ豆を輸入し、ココアパウダーやチョコレートに加工して輸出している。牛乳も安い国から輸入し、付加価値が約14倍ものチーズに加工して輸出している。花卉類も種子や苗をアフリカから輸入して栽培し、ドイツなどのEU諸国に輸出している。牛肉や大豆かす、調理済み食料品などは、輸入したものをそのまま輸出している。

「クオリティ農業改革」30年ビジョン

また、オランダの施設園芸は、栽培会社や競売業者、商社、輸出業者、園芸サプライヤー、金融機関、コンサルティングサービス会社などが集積した国内にたった6か所の「グリーンポート」と呼ばれる地域で大規模に行なわれている。植物工場は平均10ヘクタールほどで、大型だと60~100ヘクタールに達する。

しかも、それらは非常に先進的で、トリジェネレーション（熱源から生産される熱、電気に加え、発生するCO$_2$も有効活用するエネルギー供給システム）を全面導入してエネルギー効率を高め、売電も行なっている。日本でも各地に葉物野菜などの植物工場はあるが、小規模な完全人工光型が多く、大規模で太陽光利用型でトリジェネレーションのオランダに比べると、生産性や燃料コストで大きな差がある。

さらに、オランダの施設園芸農家は、農業生産者というより農園経営者としての能力が高い。つまり、主な業務内容が労務管理、コスト計算、生産管理、納期管理、販売管理などで、温室にいる時間よりもオフィスのパソコン画面の前で気温や湿度、CO_2濃度、作物の生育状況、出荷状況、収益指標などをモニタリング・データ管理している時間のほうが長いことも多い。平均年齢がすでに年金受給層となっている日本とは全く違う農家像である。

このように農業が国際化、先進化しているオランダでは、農作物だけでなく農業関連企業も数多くグローバルに展開している。たとえば、世界的な温室設備メーカーのファン・デル・フーベン社、世界的な温室環境制御システム開発会社のプリバ社、乳牛の自動搾乳システムを開発したレリー社、食品のユニリーバやハイネケン、花卉類をケニアや中国で栽培しているレボプラント社、種子の品質改良・加工・分析専門会社のインコテック社、野菜品種の開発と野菜種子の生産・販売に特化した種苗会社のライク・ズワーン社などである。

日本も個々の設備機械や制御システム、IT、農場経営のノウハウなどは真似できるし、すでに一部は導入されてもいる。だが、まだオランダのような産学官が一体となった研究・開発から生産、販売まで一気通貫の取り組みは全くできていない。

だから、今こそ日本はTPPを奇貨としてオランダに学ぶべきなのだ。つまり、農業を「自由化」するとともに、農水省を解体して経産省傘下に入れ、「農産業部」「畜産業部」「水産業部」にする。さらに「選択と集中」で、穀物（とくにコメ）生産から日本独特の高付加価値産品に転換する。たとえば、海外で人気がある牛肉、リンゴ、イチゴ、モモ、サクランボ、柑橘類などである。

そこで重要なのは、それを日本全国に分散して展開するのではなく、特定のエリアで集中してやることだ。具体的には、オランダとほぼ同じ大きさの九州でまずやってみるのがよいだろう。九州の国立大学のいずれかを中核として〝日本版フードバレー〟を構築し、福岡、佐賀、長崎、大分、宮崎、熊本、鹿児島の各県に意欲ある単位農協を中心とした〝日本版グリーンポート〟を形成するのだ。

その一方では、私が30年前から提唱している（国民の胃袋を司る）「食糧省」を新設し、輸入できるものは世界最強・最安値の国から輸入すると割り切って安全安心・良質廉価な食糧を長期間安定的に調達できる仕組みを作り上げる。海外に飛躍したい農民には投資や技術面で後押しをする。農民から「農場経営者」へ──。これこそ日本が目指すべき農政改革の30年ビジョンなのである。

成長戦略としての「教育改革」

そして、第2章で指摘したように、日本が本当に取り組むべき最重要な成長戦略の一つが、教育改革だ。

アメリカが製造業の多くを失いながら、依然として雇用創出能力が世界一高い最大の理由は、教育によってアップル創業者のスティーブ・ジョブズ、スペースXの共同設立者でテスラモーターズCEOのイーロン・マスク、ツイッターやスクエア（スマートフォンやタブレットでクレジットカード決済ができるサービス）創業者のジャック・ドーシーのような異能・異才の「突出した人間」を数多く輩出し、次々と新しい高度産業を生み続けているからだ。高度産業は「天才」や「偶然」によって生まれるのではなく、そうした人材を育む教育および社会の産物なのである。

ところが、日本の教育は未だに大量生産・大量消費時代のまま、画一的な人材を作っている。生徒たちは教師が教える「答え」をひたすら覚えることを求められる。その教師が示す「答え」さえ、文部科学省が指導要領で決めている。そういう教育は、従来型の産業に基礎的な労働力を提供することはできても、「突出した人間」を作って高度産業を生み出すことはできない。

安倍政権が「成長戦略」と言うなら、目の前の株価や（昔の教育の優等生だったに違いない）財界や大学教授の意向に左右されることなく、そうした根本的な変革を真剣に検討すべきである。

「大志」をなくした内向きの若者たち

産業能率大学の調査によれば、２０１６年度の新入社員が最終的に目標とする役職・地位は、「社長」が９・５％と10％を切る一方、「部長」は21・１％、「課長」も10・７％と増加傾向にある。経営トップを目指すという気概が全体的になくなり、出世よりも「長期間、安心して働けること」を重視するようになっているという。

あるいは、同大学が２０１５年に従業員数１００人以上の上場企業で働く課長６５１人を対象に実施した調査によると、課長の99・１％が職場のマネージメントを担いながらプレイヤーとしても業務をこなしているプレイング・マネージャーで、最終的になりたい立場・役職を尋ねたところ14・９％が「プレイヤーの立場に戻る」と回答し、前回調査と比べて１・４ポイント増加し、過去最高となった。気苦労の多い中間管理職よりも、業績が見える・計れる気楽なヒラ社員のほうがマシだと考える人が増えているわけだ。

一方で、今や日本では、若者のニートや引きこもり、パラサイトが日常茶飯になってしまった。週刊誌などでも「働かない、結婚しない、家を出ない子供」の問題がシリーズで取り上げられているほどである。

ことほどさように若い世代の日本人は「内向き・下向き・後ろ向き」になっているわけだが、これらの現象の背景にあるのは日本の教育制度だと思う。

日本人が昔のようなアンビション（大志）を取り戻し、日本の社会や企業が再び元気になるためには、根本的には高校・大学教育を変えるしかない、と私は考えている。

世界で戦える傑出した人材を

これまで日本は「欧米に追いつけ、追い越せ」を合言葉に戦前は富国強兵・殖産興業、戦後は加工貿易立国で、規模とスピードが成功の鍵となる工業化社会の大量生産モデルにふさわしい均質的な人材を育てるため、ひたすら平均値を高める教育を行なってきた。また、昇進も昇給も経験とともに、あるいは経験を背景にまとめていけば上司としての格好がついたので、さして負担にはならなかった。

しかし、今は均質的な人材では世界と戦えなくなり、多くの企業で役職が上がれば上がるほど、「新機軸」「海外」「撤退」などの新しい〝課目〟が中心となっている。つまり、1人あたりGDPが4万ドルを超える先進国となった日本が従来と同じ「追いつき、追い越す」ための工業国家向けの教育を続けていたら、中国をはじめとする人件費が安い新興国・途上国には勝てないのである。

これから日本が勝つためには、そこそこのレベルの人材を量産するのではなく、50人のクラスで1人か2人でよいから世界で戦えるような傑出した人材を育てなければならない。

そのためには高等教育の改革が不可欠なのだ。

実は、傑出した人材を育てる教育は音楽やスポーツの世界では当たり前だ。その結果として、たとえばチャイコフスキー国際コンクールでは諏訪内晶子さん、佐藤美枝子さん、上原彩子さん、神尾真由子さんが優勝している。テニスでは錦織圭選手が世界ランキングで最高4位まで浮上し、スキーのジャンプでは高梨沙羅さんがワールドカップで日本人選手として初めて、しかも史上最年少の16歳4か月で個人総合優勝を達成しているのだ。

要するに一般の教育も、文部科学省の指導要領に基づいて全国一律で平等に行なうのではなく、音楽やスポーツと同じく、将来有望な能力の高い子供たちに対しては〝英才教育〟を施さなければならないのである。

日本には大学があまりにも多すぎる

文科省の2015年度「学校基本調査」によれば、日本には779校もの大学があるという（国公立175校、私立604校）。私に言わせれば、そもそも国公立大学は日本全国にせいぜい10校もあれば十分で、これほど多くの大学があるのはナンセンスだ。国際競争力が強いスイスやシンガポールには、国公立大学がそれぞれ12校、4校しかない。それで日本を上回る1人あたりGDPを稼ぎ出し、世界的な企業を生み出している。

さらに、その数多い日本の大学に来ている留学生は半分が中国人で、しかも彼らのほうが（日本語で行なう授業でさえも）日本人学生より優秀なケースが多いという皮肉な状況になっている。実は中国から日本に来る留学生は中国の中では二流である。一流はみんなアメリカのトップスクールに留学する。二流の中国人留学生にさえかなわないのが、日本の大学生の情けない実態なのだ。

欧米の大学には世界中から留学生が集まっている。たとえばフィンランドでは、小学校から英語教育が進んだ結果、今や大学の授業は大半が英語に切り替わったため、ヨーロッパをはじめ他の国々から留学生が大量にやって来るようになった。要は、大学がグローバル社会の縮図のようになっているわけだ。その中で勝ち残っていくのはけっこう大変だが、内外の優秀な人たちと触れ合い、競争しながら切磋琢磨していく環境を与えることが、傑出した人材を育てるためには極めて重要なのである。

したがって日本は大学の数を減らしてクラスも小さくし、世界中から優秀な留学生に来てもらえるよう、英語による講義をどんどん増やすべきである。

それと同時に、小学校・中学校の時点から本人が興味を持って才能を示した子供たちについては、その能力に合ったインストラクターを付けて個別指導を行ない、とくに進歩が速い場合は高校・大学レベル、さらには実業レベルの勉強もさせてしまうというテーラーメイドのカリキュラムを導入しなければならない。全国一律の指導要領など、直ちにゴミ箱行きにすべきである。

日本の教育は「弱さ」のない人間を作ろうとしているが、今の世の中は「強さ」で勝負する時代である。もはや「オール5」の秀才は何の意味もないし、国公立大学を受験する時のセンター試験が7科目もあるというのもおかしい。最高学府としての大学は一つの科目で傑出した人間を入学させて、その能力をどこまでも伸ばせばよいのである。

〝ブラウン管テレビ〟を作るような教育

日本企業が21世紀のビジネス新大陸で生き残っていくためには、何よりも優秀な人材の確保が重要であることは言を俟《ま》たない。だが、日本の大学教育がそのためにどれほど貢献しているかと言えば、甚だ心許《こころもと》ないのが現状だろう。

そんな中「大学教育改革」に向けた動きが本格化している。安倍首相肝煎《きもい》りの「教育再生実行会議」は、5〜6年後をメドに現行の大学入試センター試験を改編し、「ペーパーテスト重視の点数主義から面接重視の人物本位へ」「複数回チャレンジ可能」を柱とする新制度への変更を提言した。

しかし、これは「大学教育改革」ではなく、小手先の「大学入試制度変更」にすぎず、日本の大学教育の問題を「入試」に矮小化している。同会議の提言を高く評価した安倍首相も文部科学省も、今の日本の大学教育の本質的な問題が「コンテンツ」にあるということを、全く理解していない（もしくは、あえて目をそむけている）と思う。

大学入試は1979年に共通一次試験が導入され、90年から大学入試センター試験に変更されて現在に至っているわけだが、本質的な問題は入試制度ではなく、日本の大学で教えていることが「21世紀の世界に合わなくなっている」ことだ。にもかかわらず、提言にはそんな現状への反省はひと言もない。これはメーカーの生産に喩《たと》えれば「そもそも、どういう商品を作らなければならないのか」という〝商品設計〟の議論がないまま、製造プロセスを見直して〝品質管理〟のポイントや回数を変えていこう、という議論でしかない。

別言すれば、すでに世の中は薄型テレビの時代になっているのに、今や誰も買わないブラウン管テレビをせっせと作り続け、その欠陥をなくすことに汲々としているようなものだ。今の日本の大学教育の本質的な問題点は、21世紀にふさわしい人材、世界に出て競争力のある人材を育てられなくなっていることなのに、それが一向にわかっていない。だから「点数主義から人物本位へ」などというトンチンカンな話になるのだ。

ランクは「卒業生の給料」で決まる

いや、教育再生実行会議の提言にも、今後求められる教育として、グローバル人材や理工系人材、技術と経営を俯瞰《ふかん》できる人材、イノベーション創出を担う人材など、新たな人材育成の理想が盛り込まれている、という反論があるかもしれない。しかし、私に言わせれば、それらはビジネスの最前線の現場も知らず、ただ〝机上の教育〟しかやってこなかった人間が作ったレジュメにすぎない。

試みに「では、人物本位とは何ですか？」と教育再生実行会議や文科省の面々に質問してみればいい。おそらく「誰とでもうまくやっていける協調性のある人」とか「日本人らしさを持ちながら英語もできる真面目な人」といった答えが返ってくるだろう。だが、それではアップルを創業したスティーブ・ジョブズやアマゾンを創業したジェフ・ベゾスのような〝突き抜けた人材〟は、日本からは出てこない。

世界は協調性のある人や真面目なだけの人は求めていない。ジョブズやベゾスに匹敵する「シェーカーズ・アンド・シェーパーズ」（世の中を揺さぶって変革する人）を求めているのだ。

さらに、安倍政権は「今後10年間で世界大学ランキングトップ100に（日本から）10校以上をランクインさせる」ことを目指すという。しかし、少なくともアメリカでは、大学のランキングは「卒業生の給料」で決まる。投資（授業料）がリターン（卒業生の平均的な給料）によって、どれくらい回収できるかという〝投資利益率〟に基づいた純粋な考え方である。

つまり、卒業生に「稼ぐ力」があるか否か、「値札」がつくか否かが、大学の〝格〟を決めるのだ。それが高くならない限り、ランキングは上がらないのである。逆に言えば、日本企業が初任給を1人ずつ決めていくようにならないと、日本の大学が世界の上位にランキングされることはない。

そもそも、「稼ぐ力」や「値札」がつく教育をしている大学の先生を私は見たことがない。たぶん慶応義塾大学湘南藤沢キャンパス（SFC）の優秀な学生なら倍の給料を払ってもよい、という企業はあるだろう。それなら彼らに〝破壊者〟になってもらえばよいというのが私の提言だが、結局は、面接時期を一斉に決めるような経済界の「申し合わせ」を破壊する企業や個人が出てくるかという、より深い問題に帰着してしまうのだ。

その一方で、18歳人口減少に伴い各大学が学科試験ではなく面接や小論文などで合格者を選抜する推薦入試やAO（アドミッションズ・オフィス）入試の導入を推進したため、今や大学生の半数が推薦入学者という事態になっている。その結果、とんでもない〝未熟児〟が大学に入ってきている。

「人物本位」で選ぶ教授は「人物」か？

実は、私が学長を務める日本初のオンライン大学「ビジネス・ブレークスルー（BB

Ｔ）大学」は、インターネットによる遠隔教育プログラムを提携高校に提供しているが、東京都内の一流大学からもその数学の教材を提供してほしい、という要請を受けている。理由を聞いてみると、推薦入試・ＡＯ入試などで大学に入学しても高校卒業レベルの学力がない学生が多く、とくに数Ⅱ・数Ⅲおよび、これらの科目で習う微分積分を前提とする物理が不可欠な理工系学部で大学の授業が成り立たない状態になっているのだという。その補習用に、理工系学生に先の高校の教材を使って「大学の授業」が開始できるようにしようというのが実態なのだ。

この上、「点数主義から人物本位へ」と言って、推薦入試・ＡＯ入試だけでなく一般入試でも面接を重視するようになったら、さらに低学力の大学生だらけになるのは火を見るより明らかだ。先進国が理数系に再回帰している中で、そこから「世界に出て競争力のある人材」など生まれるわけがない。

そもそも、その「人物本位」の面接で入学者を選ぶ教授たちは、どのような「人物」なのか？　国際競争力なき大学で、十年一日のごとく昔ながらの講義を続けてきたような、世界に出れば「稼ぐ力」のない先生たちではないのか？

先の比喩で言えば、薄型テレビの隆盛には目をつぶってブラウン管テレビを作り続ける時代遅れのメーカーのように、欧米の大学で学んだ研究や理論を日本に翻訳・輸入するだけで食べてきた大学教授に、21世紀にふさわしい新しい人材を見いだせる才覚があるのか？　これが本質的な質問のはずである。

文部科学省は改革する気などない

高校の教育現場も悲惨である。前述の高校の遠隔教育用教材コンテンツは、パートナー校と共同で膨大な費用をかけて映像化し、真に学力アップにつながるレベルに仕上げた。その教材を日本全国、さらには海外に出向している日本人ビジネスマンの子弟にも提供したい、と私たちは考えていた。

ところが、そこに文科省の〝壁〟が立ちはだかった。学校教育法に基づく学校設置基準により、ネットによる遠隔教育といえども、教育区域に縛られて当該県から通学圏内でしか認可されていないから、県外から生徒を募集してはいけないと言うのである。その理由は、県外の高校の生徒を減らすから、という「縄張り争い」の論理だった。

それなら海外の高校生であれば問題はないだろうと思ったら、それもダメだと言う。やはり学校設置基準で、生徒のそばに運動場と図書館と保健室を設置した協力校がなければならないことになっているからだ。サイバー教育や通信教育を認可しておきながら、生徒のそばに運動場などが必要だというのは大いなる矛盾であり、これでは何のための遠隔教育なのか、さっぱりわからない。

さらに、高校は通信制も年間40日間は集合教育を行なわなければならないと定められている。海外在住者に集合教育は難しい。せっかく国境をも越える遠隔教育用の教材コンテンツを作っても、こうした規制のために使えないのだ。

サイバー教育のＢＢＴ大学の場合は、逆に時々学生を集めてセミナーなどの集合教育をしようとすると、インターネットを利用した通信教育の範囲を逸脱するからダメだ、と文科省は言う。そして、集合教育をやりたいなら、現在はオンライン大学だから免除されている校地と校舎を持てと要求する。だが、ＢＢＴ大学は東京・千代田区の「キャリア教育推進特区」を使っているので、学生数から計算すると約２万㎡もの広大な校地と校舎が千代田区内に必要となる。無茶苦茶な話だ。

要するに文科省は、1947年に制定された時代遅れの学校教育法によって学校を縛りつけ、自分たちの既得権を守っているだけで、世界の変化に対応して本気で教育システムを改革しようとは、さらさら考えていないのである。

今回の大学教育改革は、予定通り5～6年後に実施されれば、1990年のセンター試験導入から約30年ぶりの大幅な改革となる。だが、新しく提案されている制度が実行に移され、再び30年続いたら、日本はジ・エンドだ。いま以上に「内向き・下向き・後ろ向き」で能力が低く、とくに理系では世界と勝負できない若者ばかりの絶望的な状況になるのは目に見えている。

真の教育改革とは、このあまりにも深すぎる病根を完全に取り除くことだ。その方法は、「答えのない世界で答えを見つける」北欧型の教育か、現在の5割に達している大学進学率を2～3割まで下げながら、その代わりに職業訓練学校を充実してスイス・ドイツ型の教育に作り直すしかないだろう。

その意味でも、教育コンテンツを改革しないままで大学に入りやすくする「点数主義から人物本位へ」「複数回チャレンジ可能」という入試制度変更は、日本と日本企業を〝衰弱死〟させる引き金となるに違いない。

大学を減らして職業訓練校を作れ

前述したように、そもそも日本では大学の数が多すぎる。だから、大学を減らして、その代わりに具体的な職業を訓練する学校を作るべきだと思う。

いま世界で強いのはドイツとスイスだが、この2国はともに大学進学率が4割くらいで、あとは高校時代から職業訓練専門学校に向かう。

たとえばドイツでは、職業訓練専門学校の多くが「デュアルシステム」になっている。これは1週間のうち2日間は学校で理論を学び、3日間は会社に行って実習をするというシステムだ。大学を卒業して22～23歳で就職しても基本的に5～6年はまともな戦力にならないが、職業訓練専門学校を卒業すれば20歳で自分の腕で飯を食べていけるだけの技術を身につけることができるのだ（図表28）。

そして、会社に入る時は工業系だけでなく事務系も含めた350くらいの様々な職種があり、その中から自分が専門にする一つの職種を選んで、さらに腕を磨いていく。仮に3

図表28 ドイツでは「職業訓練」「大学進学」で分かれる

◆ドイツの教育制度

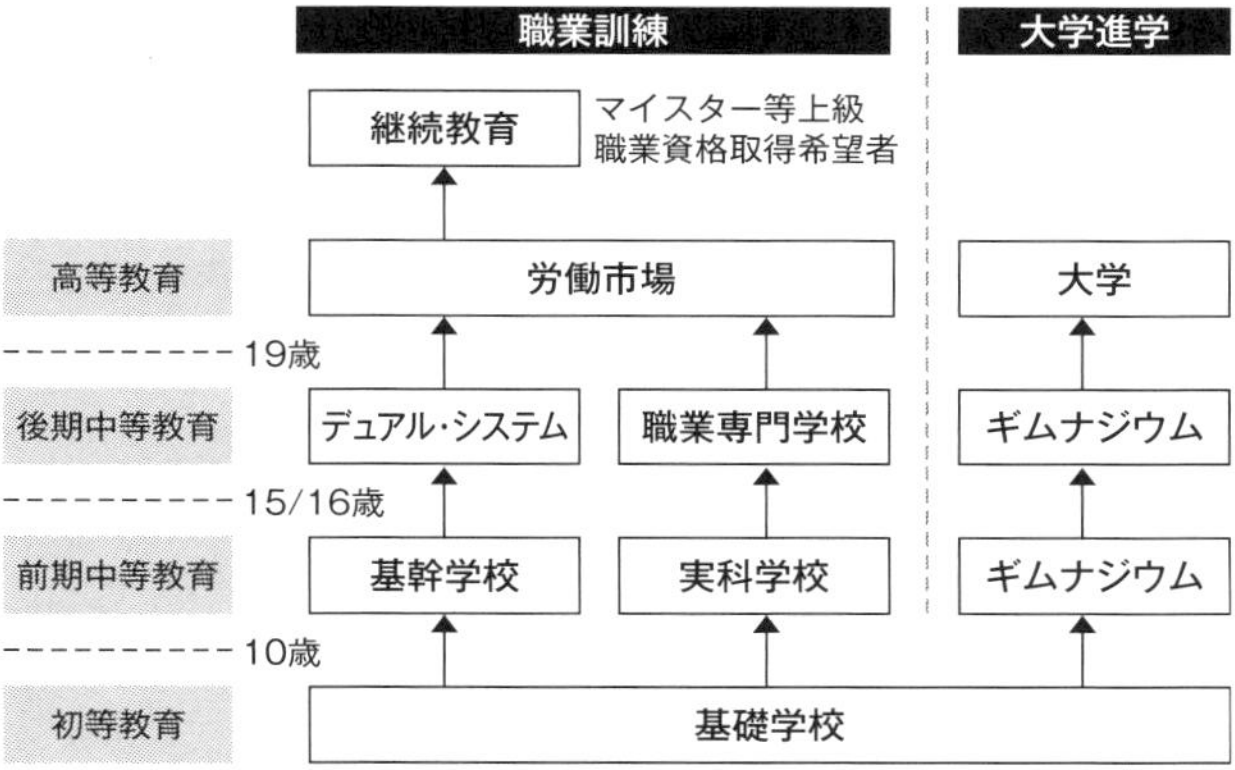

資料:『ドイツにおけデュアル・システムの実際(I)―技能訓練における日独比較の観点から―』林悦子(神奈川大学・国際経営論集No.39 2010)
©BBT総合研究所

50のうちのAという職種を選んだとすると、その職種の中にグレードが1、2、3、4……とあり、ランクが上がるにしたがって給料も上がっていく。

最高位は「マイスター」だ。マイスターになったら他の会社に移って教えることもできるし、独立開業してもよい。これがドイツの会社の中のマイスター制で、職業訓練と高等教育が社会的に同等の価値を持ち、職業訓練専門学校を卒業した人たちの生涯給は大卒者と変わらないため、社会が非常に安定する。

さらに、失業しても、再雇用制度がある。政府が他の職種に就くために無料で18か月の職業訓練を受けられるクーポンをくれるのだ。

これは、ゲアハルト・シュレーダー前首相が行なった改革で、その結果、ドイツは硬直化していた労働市場の柔軟化に成功し、賃金が世界最高水準であるにもかかわらず国際競争力があり、失業率も４％台にとどまっている。

また、アメリカの場合、公的教育制度は崩壊しているが、それを私立学校が補っており、とくにリベラルアーツ・カレッジ（基礎的な教養課程の小規模校）で非常にレベルの高い大学が中西部にたくさんある。アメリカのエリートは、そこで哲学や歴史などを勉強して幅広い教養を身につけ、さらに大学院に入って専門的な「稼ぐ力」を鍛える。大学院はランキングが就職時の初任給で決まるほど、稼ぐ力にこだわった〝職業訓練の場〟になっている。

このように欧米先進国はどこも、みんなを平等に扱うのではなく、有能な人間は稼げるだけ稼げるようにする、そして彼らが社会に広く貢献するという情報化社会、知的社会に対応した21世紀型の教育システムになっている。それに比べると、工業化社会時代から変わっていない日本の教育が、いかに世界から遅れているか、今の日本の抱える問題の縮図になっているか、よくわかるだろう。

「働かない、結婚しない、家を出ない子供」は、その当然の帰結であり、この問題を解決するためには、従来と全く違うコンセプトの高等教育を整備し、なるべく早く子供たちを世界の荒波にさらしてショックを与えるべきなのである。

「雇用ミスマッチ」などないドイツ

ドイツの「デュアルシステム」について、もう少し解説しよう。

これは企業での実践訓練を3分の2、パートタイムの職業学校での学習を3分の1、並行して2~3年半行なう二元的（デュアル）職業訓練だ。1週間に平日が5日間あるとすると、自分が選んだ職種について一定のカリキュラムの下で3日間は企業で研修を、2日間は学校で講義を受ける。義務教育（15歳まで）を修了した若者や「ギムナジウム」（7年制または9年制の普通中等学校）を修了して大学入学資格（アビトゥーア）を取得した若者が対象で、前者の場合は18歳になるまでに少なくとも2年間はプロに実地で教わりながら腕を磨くわけだ。

デュアルシステムには、自動車メカトロニクス工、産業機械工、電気設備工、塗装工などのブルーカラーだけでなく、情報技術者、ホテル専門職、事務系商業職などのホワイトカラーも含めた350ほどの公認訓練職種があり、それを国・州・企業・労働組合が合わさった公的機関「BiBB（職業教育訓練研究機構）」がきめ細かく運営している。

ドイツでは子供たちの将来の進路について、小学校4年生の段階から能力や適性などを観察しながら指導する。子供たちは、自分はギムナジウムに進んで大学に行くのか、それともデュアルシステムやフルタイムの職業訓練校に進んで手に職をつけるのかということを10歳くらいから考え始め、12歳の時点でいずれかを選択するのだ。

最も人気が高いのはデュアルシステムで、ギムナジウムに進む人との比率は7対3である（同様の教育制度になっているスイスの場合は8対2）。どちらのコースを選んでも生涯給は大きくは変わらないという状況になっているが、実際には、大学進学者よりも18歳で手に職をつけた人のほうが安定した生活を送ることができるようだ。

日本の場合、厚生労働省の発表によると、2012年3月に卒業した新規学卒者の3年以内の離職率が、大卒者32・3％、高卒者40％、中卒者65・3％に達している。しかしドイツでは、デュアルシステムがあるため、就職後すぐに会社を辞めるというのはごく少数だ。前述したように10歳の頃から将来の進路を学校が指導して子供たちも自分で考え、その後2〜3年半にわたって企業で研修しているからだ（最終的に6割の若者が研修した会社に就職）。つまり若者たちと企業の〝お見合い期間〟が長いので、日本のような「雇用のミスマッチ」や「ブラック企業」などというものは存在しないのである。また、このシステムがあることでドイツやスイスでは中小企業も優秀な人材を確保できていることは間違いない。

戦後日本は、ひたすらアメリカの真似をしてきた。しかし、優秀な移民を活用しながら創造力で勝負するシリコンバレーは、日本では生まれない。となると、やはり日本はドイツやスイスと同様に、日本の昔の制度でもある「職人の育成」で勝負していくしかない。

ところが、アメリカの真似をして大学を〝乱造〟した結果、高校生の2人に1人が大学に進学する実質的な「大学全入時代」となり、これまで中卒・高卒で町工場に入った人々が支えてきたモノづくりの技術力が維持できなくなっている。日本の職人技術は、いずれ消えゆく運命にある。

しかし、国家を支えているのは人であり、国家にとって最も重要なのは人材育成である。にもかかわらず、何で飯を食っていくのか全く考えないまま20代半ばで社会に出ていく若者を量産している。自分の人生で何をやりたいのか思案しながら30代にまで突入する人も少なくない。「飯を食うスキル」を伝授できない日本の大学は、一度すべて潰すぐらいの大改革を断行しないと、この国は遠からず滅びてしまう、という危機感を抱かずにはいられない。

エピローグ　日本が変わる最後のチャンス

一人っ子が加速させる「低欲望」化

私は2007年に『大前流　心理経済学』（講談社）という本を書き、日本は国民の心理をコントロールすることが経済をコントロールすることと同義語になった世界最初の国である、と指摘した。もちろん、人々の心理や世論の動きというものは古今東西どんな社会においても重要なのだが、バブル崩壊後の日本では、「カネ、土地、人」という「繁栄のための武器」はすべて手の内に持っているのに、それを全く使おうとしない日本人固有の心理によって経済が衰退の一途をたどっていることに警鐘を鳴らしたのだった。

今の日本人の家計の特徴をひと言で言えば、個人金融資産だけでも約1700兆円とGDPの3倍もあるにもかかわらず、時価の3％配当が見込める株式投資のほうには向かわず、雀の涙ほどしか利息がつかない定期預金に入れっぱなしになっているのが現状である。だが、これはどう考えても経済学的には非合理的な行動である。バブル期に株や不動産に投資して大きな負債を背負った苦い経験から、投資に関しては「羹《あつもの》に懲りて鱠《なます》を吹く」的な習性が身についてしまったのかもしれないが、とにかく多くの日本人が現預金をただ蓄え続けているのである。

それに加えて、本書で論じてきたような日本人の低欲望化の傾向というのは、単なる経済現象というよりも、日本中のあらゆる面で表面化してきている社会現象と言ってよいと思う。たとえば、全国平均の空き家率が13・5％に達して過去最高になったとか、超低金利の住宅ローンがあっても借りる人が増えないといったことは統計上で表われているが、その背景にあるのは、「責任を取りたくない」「責任を持ちたくない」「自分自身の責任を大きくしたくない」という20代・30代の日本人の考え方である。そのため、会社に入ってもあまり出世したくないとか、結婚したらそれが重荷になる、家を買ったら一生借金で苦しむことになる——そんな考えが先に立つようになっている。私は今も世界各国を視察や講演で飛び回っているが、世界中を見渡してみても、こういう国民性は見たことがない。

たしかに、1980年代のヨーロッパでは、それに近い光景を目の当たりにした経験がある。ポルトガルやスペイン、あるいは北欧諸国やスイスなどでも憂鬱で退廃的な空気がたちこめていて、当時バブル景気に沸いていた日本やアメリカとは対極にある、〝斜陽〟国家の現実を垣間見る思いだった。

しかし、そのヨーロッパもEUができてから大きく様変わりした。それまでは競い合い、いがみ合っていた隣国同士が同じ経済圏に集約された結果、日本はもちろんアメリカよりも巨大な経済力を有し、世界に対して影響力を持つようになった。個々の国の財政事情を見れば決して楽観できる状況ではないが、今やかつてのヨーロッパの憂鬱な空気というのは、ほとんど感じられなくなっている。

そんなEUの現状からすると、当時日本がアジアの中で圧倒的なリーダーシップを持っていたうちに、〝グレートアジア〟や〝日本円の経済圏〟を作っておけばよかったのに、と今にして思うが、そのチャンスはもはや失われている。それゆえに、今の日本の問題は日本だけで解決しなくてはいけなくなっているのだ。

なぜ変わらなくてはいけないのか？

それでも私は、日本が抱える「低欲望社会」という課題は克服可能だと考えている。その鍵は、本書でも述べたような本格的な移民社会の実現だ。

現在、日本の労働人口は毎年40万〜60万人というペースで減っている。これだけの人口減少を移民で補おうとすれば、10年間で400万〜600万人もの移民を受け入れていくことになる。発想や感じ方、生活習慣が全く異なる人たちがこれほどの規模で増えていけば、間違いなくこの国の風景は一変するだろう。

だがもちろん、移民社会への移行は簡単ではない。

欧米では、すでに多くの移民を受け入れているが、たとえば風刺週刊誌『シャルリー・エブド』襲撃テロ事件やパリ同時多発テロ事件が起きたフランスのように、イスラム系人口だけでも総人口の10％近くまで増えてくると、様々な社会問題が噴出してくる。それらを想定して、移民のための学習環境や住環境、あるいは雇用・資格制度を整備していかなくてはならず、決して一筋縄ではいかない問題である。それでも、そこまでやらなくては今の「低欲望社会」は変わらないと思う。

なぜ変わらなくてはいけないのか？　〝狭いながらも楽しい我が家〟で、皆が貧しくとも平等に生きていければよいではないか――という意見も聞こえてきそうだ。

だが、島国である日本は、諸外国に比べて同質性社会になりやすい。それは、非常に刺激が少ない社会であり、積極的に外の世界へと雄飛していく進取の精神に富んだ人間を生みにくくなる。その上、今後ますます本書で述べたような「内向き・下向き・後ろ向き」な若者が増えていくようになるのだ。それに加えて、ますます少子化が進展する中で、一人っ子家庭も増えている。一人っ子の彼らは、家庭の中でも競争することがないから、家の中で思う存分、自分の好きなことをやり、好きな時に飲み食いをして、ゲームやおもちゃを独り占めしている。いわば「低欲望社会」の縮図がそこにある。戦前、戦後の日本人にバイタリティがあったのは、兄弟がたくさんいて、競争しなければ食事にもありつけなかったからだ。また、長男以外は家を継げず、外に飛び出して食っていかなくてはならない環境の影響もあった。

一方、同質的で内向きな社会は、その中に閉じこもっている分には居心地が良い。だが、次第に幼稚化し、人間として退化していく。そうやって一人一人の目線が下がっていけば、必然的に社会や国家もまた弱体化せざるを得ない。そして、ある日突然、居心地が良かったはずの〝ゆりかご〟は、〝墓場〟へと変貌するだろう。いわゆる「茹でガエル現象」だ。

それに対して、異能の人材がどんどん集まるような社会は、刺激に満ちて、向上心が個人のモチベーションを支えるようになる。端的に言えば、フィリピン人家政婦が日常にいることが当たり前になり、子育ても彼女たちに一部を担ってもらうような社会になれば、日本でもバイリンガルの子供がどんどん増えていくだろう。そうして育った子供たちは、いとも簡単に国境を越え、世界中で活躍するようになるに違いない。

「18歳成人」が日本人を作り変える

移民に加え、この国を大きく変えるもう一つの鍵は教育だ。

選挙権年齢の下限を20歳から18歳に引き下げる改正公職選挙法が国会で成立し施行されたが、私は20年以上も前から、選挙権のみならず成人年齢を18歳に引き下げると同時に、運転免許や飲酒・喫煙、刑法での成人年齢も含め、すべてを18歳でそろえるべきだと主張してきた。

そのポイントは、単に投票年齢だけを18歳に下げるという表層的な変更ではなく、18歳・高校卒業までを義務教育とし、それまでは国の責任で日本において「成人」と呼ぶべきレベルに達する人材を育て上げることにある。従来のような各教科の知識から、社会常識の習得、立ち居振る舞いや行動様式、価値観を含めて、これこそが21世紀の日本で責任ある大人として生活していくために必要なことだという授業をすべて受けた上で、一定の試験に合格した者だけに〝誓約書〟を書かせ、成人カードを交付して投票権を与えるというのが私の提案である。それは、安倍首相が主張しているような道徳や修身などの教育改革とは全く異なり、文化や民族、宗教の違う人々と共存する知恵やそのための歴史・地理教育、さらに情報を収集してそこから判断できる能力を育て、社会人としての責任感を植え付けることでもある。

より具体的には、現在は義務教育の中学校とその後の高校のカリキュラムのうちダブっている部分が少なくないため、これを一貫して高校までを義務教育とすると、1年くらいは余ってくるから、そこでもって徹底的に社会人教育をすればよい。

そうやって、自分を食わせ、家族を食わせ、子供ができたらしっかり育て上げるといった社会人の責任というものを徹底的に教えていく。それは今のような職業的な教師だけでは難しいから、医師や消防士、警察官、ＩＴエンジニア、企業経営者、さらには子だくさんのお母さんに至るまで、様々な職業に就いている老若男女が教育に参加し、それぞれの立場から社会人の心得を説いてもらうのだ。

また、先述の中高一貫化によって生まれた時間を使って、海外に留学あるいはボランティアに行かせるのも貴重な教育機会だろう。おそらく海外に送り出された生徒のほとんどは、最初の３か月間は泣くだけで終わると思う。他人とコミュニケーションをとれなければ、自分の思い通りにできないばかりか、ひもじい思いや悔しい体験をするだろう。しかし、そうしたことは「成人」になるために非常に重要な経験になるはずだ。自分たちと異なる価値観を実体験することで、人は驚くほど成長するものだから。

以上のような「18歳成人」を育てるための義務教育は、結果的にこれからの日本人に非常に大きな変革を生むと思う。

とにかく「心理」を和ませよ

本書の前半で私は、アベノミクスは日本では有効に機能しないと述べた。日本の「低欲望社会」では、20世紀を支配したケインズ的な経済理論が機能しないからだ。言い換えると、私の論点は、マネーサプライや金利というものが機能するのは「欲望過剰社会」だけだということになる。そのため、ポール・クルーグマン教授のような学者も、アメリカなどで経済学を勉強してきた安倍政権の経済アドバイザーたちも、日本の特殊事情を理解できないのである。経済原論を書き換えなければならないのだが、この領域で納得できる研究はほとんど見たことがない。そこで私は『心理経済学』を上梓してそれを試みたわけだが、学者でこうした分野の研究を推し進めて国民にもわかりやすく教え諭《さと》してくれている人は、寡聞にして知らない。

しかし、個々人の生活やミクロ経済を見ていると、今の日本人は少なくとも極めて特殊な集団を形成していることがわかる。経済政策は、その対象集団のアンテナ（感度）に対して展開しなくてはいけない。本来なら、従来の経済政策を組み合わせた「3本の矢」を総動員してもほとんど反応しないのは根本的におかしい、と考えるべきなのだ。

結局、学者や政治家の使える道具は、過去100年の間に欧米で開発されたものばかりなのである。新しい道具は、低欲望社会においても、日本人の心理に訴求するようなものでないといけない。将来に対する不安を取り除き、もっと人生をエンジョイしていいのだ、というメッセージを繰り返し届けていけば、いずれ凍てついた心理も和《なご》むはずだ。結果、日本の場合、個人金融資産1700兆円の1％でも市場に出てくれば、「超」がつくほどの好景気となるだろう。

他国から資産を借りているギリシャなどと違って、日本の解決策は日本国民の懐の中に眠っているのだ。政府があれこれ政策を繰り出して、我々の財産を盗む必要はない。我々自身を安心させ、余計な規制と税制でがんじがらめにすることをやめれば、自ずとお金は市場に出てくる。「心理を和ませる」――これこそが、日本にとっての最良の政策なのだ。

＊

本書の最後に、「人」の問題に触れたい。

20世紀の企業にとって成功の鍵は「人、モノ、カネ」だった。今は、モノもカネもあふれていて、特許などもカネ次第で使わせてもらえる。そんな21世紀における事業成功の鍵は、「人、人、人」である。それも「尖った人間」が何人いるかが重要になっている。

「坂の上の雲」を見ながら、大志をもって大海原に漕ぎ出していった明治時代や戦後の第1世代に比べて、今の低欲望社会で育つ人材には競争心がない。家庭内で一人っ子で育っている人が過半数という背景があるので、これも一足飛びには改善しないだろう。

しかし、日本には「かわいい子には旅をさせよ」という格言が昔からある。学校、先生、塾というものに子供を全面委託するのをやめて、世界に飛び出すくらいハングリーな教育ができるのは親しかいない。

本書をここまで読んでくれた読者には、ぜひそのような親として、祖父母として、テーラーメイドで、ハングリーな精神を持った子供を育てる試みをお願いしたい。そしてもし学生が本書を読んでくれていたら、「君は同志だ。大丈夫、君ならやれるよ！」と伝えたい。

大前研一

編集協力／中村嘉孝
図表出典／ＢＢＴ総合研究所
本文ＤＴＰ／ためのり企画

大前研一［おおまえ・けんいち］

1943年福岡県生まれ。経営コンサルティング会社マッキンゼー・アンド・カンパニー・インク入社後、本社ディレクター、日本支社長、アジア太平洋地区会長を歴任し、94年に退社。現在、ビジネス・ブレークスルー（BBT）代表取締役、BBT大学学長などを務め、日本の将来を担う人材育成に力を注いでいる。近著に『「0から1」の発想術』『日本企業のグローバル戦略入門』『大前研一「ビジネスモデル」の教科書』『君は憲法第8章を読んだか』。

編集：関 哲雄

低欲望社会
——「大志なき時代」の新・国富論

二〇一六年 十月八日 初版第一刷発行

著者 大前研一
発行人 飯田昌宏
発行所 株式会社小学館
〒一〇一－八〇〇一 東京都千代田区一ツ橋二ノ三ノ一
電話 編集：〇三－三二三〇－五九五一
販売：〇三－五二八一－三五五五

印刷・製本 中央精版印刷株式会社

Printed in Japan ISBN978-4-09-825286-2